GAOXIAO JIAOCAI SHUZIHUA GUANLI
XITONG YANJIU

高校教材数字化管理系统研究

谷春红　李　林　◎著

图书在版编目（CIP）数据

高校教材数字化管理系统研究 / 谷春红，李林著.
北京：中国书籍出版社，2024.7. -- ISBN 978-7-5068-
9949-9

Ⅰ．G642.33-39

中国国家版本馆CIP数据核字第2024CM8318号

高校教材数字化管理系统研究

谷春红　李　林　著

图书策划	尹　浩　李若冰
责任编辑	李　新
责任印制	孙马飞　马　芝
出版发行	中国书籍出版社
地　　址	北京市丰台区三路居路97号（邮编：100073）
电　　话	（010）52257143（总编室）（010）52257140（发行部）
电子邮箱	eo@chinabp.com.cn
经　　销	全国新华书店
印　　刷	廊坊市博林印务有限公司
开　　本	710毫米×1000毫米 1/16
字　　数	205千字
印　　张	15.75
版　　次	2025年1月第1版
印　　次	2025年1月第1次印刷
书　　号	ISBN 978-7-5068-9949-9
定　　价	75.00元

版权所有　翻印必究

前　言

在数字化时代背景下，教育行业正经历着前所未有的变革。高校作为教育体系的关键组成部分，迫切需要通过创新和优化其教学与管理策略来适应社会需求的快速变化。为了应对这一挑战，高校教材数字化管理系统应运而生，该系统依托于云计算、人工智能和大数据等尖端技术，旨在为高校提供一套全面的教材管理解决方案，该系统的核心优势在于其能够将传统的纸质教材转换为易于访问的数字格式，从而极大地提升了教材的可获取性，并为师生提供了更为灵活的学习和教学手段。通过自动化的教材订购、分发和更新流程，以及云端存储功能，高校教材数字化管理系统显著提高了教材管理的效率。更重要的是，系统内置的数据分析工具能够实时监控学生的学习进展和表现，为高校提供宝贵的数据支持，以便进行针对性的教学调整和改进。因此，高校教材数字化管理系统不仅对于提升教学质量至关重要，更是高校适应信息化时代、实现可持续发展的关键战略选择。

本书全面系统地探讨高校教材数字化管理系统的各个方面，涵盖了从教材管理的基础理论到数字化管理的具体实施策略；注重理论与实践的结合，既有深度的理论分析，又有具体的实施方案。此外，本书还关注到高校在数字化管理过程中可能面临的挑战，如技术问题、版权问题等，并提出切实可行的解决方案，为高校教材管理提供了全方位的指导。

◎高校教材数字化管理系统研究

  本书旨在提高高校教育领域对数字化管理的重要性和紧迫性的认识，推动高校教育的变革与创新。期望本书能够成为高校管理者和教育从业者的重要参考，为他们在数字化时代提升教学质量、优化资源配置、提升管理水平提供指导和支持，为教育事业的发展做出积极的贡献。

目 录

第一章 高校教材及其数字化管理的需求 ……………………… 1
  第一节 高校教材的定义、分类与属性 ………………………… 1
  第二节 高校教材工作及其内容与原则 ………………………… 16
  第三节 高校教材数字化管理的需求分析 ……………………… 44

第二章 高校教材管理过程与数字化开发 ……………………… 49
  第一节 高校教材管理的基本思路 ……………………………… 49
  第二节 高校教材管理的主要阶段 ……………………………… 81
  第三节 高校教材管理的具体内容 ……………………………… 95
  第四节 高校数字化教材开发策略 ……………………………… 102

第三章 高校教材管理制度及数字化革新 ……………………… 107
  第一节 高校教材管理制度建设的意义 ………………………… 107
  第二节 高校教材管理制度建设的原则 ………………………… 111
  第三节 高校教材管理制度建设的形式 ………………………… 114
  第四节 高校教材管理制度建设的内容 ………………………… 116
  第五节 高校教材管理制度建设的施行 ………………………… 118
  第六节 高校教材管理制度数字化改革 ………………………… 120

第四章　高校电教教材建设与数字化管理……123
  第一节　高校电教教材及其建设探究……123
  第二节　高校电教教材媒体选择与编制……128
  第三节　高校电教教材审查、发行与收集……142
  第四节　高校电教教材的数字化管理策略……146

第五章　高校教材管理组织实施与数字化……155
  第一节　高校教材计划的编制、认定与整理……155
  第二节　高校教材征订、采购、调剂与协调……167
  第三节　高校教材的验收、发放与积压处理……188
  第四节　高校教材信息系统设计与管理探究……201

第六章　高校教材管理的数字化系统构建……208
  第一节　数字化教材建设质量评价指标……208
  第二节　教材数字化管理体系构建……215
  第三节　教材管理数字化平台科学化……231
  第四节　教材管理数字化的成本控制……237

参考文献……244

第一章　高校教材及其数字化管理的需求

第一节　高校教材的定义、分类与属性

一、高校教材的定义

在教学过程中，教师、学生、教材和教学环境构成了四个基本要素。传统观念中，教材通常指教科书。现代教学理论赋予教材更广泛的定义，它不仅包括文字教材，还涵盖了电子教学材料。文字教材的范畴十分广泛，涵盖了教科书、讲义、讲授提纲、参考书、各类辅导资料，以及挂图和图表等印刷形式的教学辅助材料。这些文字教材都是根据特定的教学目标精心挑选和组织的，旨在传授具有一定深度和广度的知识和技能体系。与之相应的，电子教学材料也日益重要，涵盖了用于教学的影片、计算机辅助教学（CAI）课件以及各种多媒体教学软件等。这些电子材料通过多样化的媒介和互动方式，进一步丰富了教学手段。教材是教学过程的重要组成部分，其形式多样，无论是传统的文字教材，还是现代的电子教学材料，均致力于有效传授知识和技能。

对于高等教育的学生而言，教科书和讲义仍然是他们获取知识的主要来源。尽管可以通过参考书和期刊等资源获取知识，但教材具有明显的优势。相比广泛的资料，教材能够全面、系统、准确地阐述基础知识，使学生能够循序渐进地掌握核心内容。教材的编写考虑了教学法的特点，更适合特定水平学生的学习。由于学生在分析、综合、归纳和演绎能力上尚未达到专家和教师的水平，他们很难在短时间内从大量资料中提炼出必要的基础知识。教材则是专门为特定专业和年级的学生编写的，更适合学生阅读。编写教材是科学家和教育工作者的重要职责。尽管存在丰富的参考资料，教科书和讲义因其系统性和针对性，仍是高等教育学生获取知识的主要来源。

高校学生不能仅依靠熟读教科书来满足学习需求，还需阅读相关参考材料和深入研究特定主题。教材在学习中起到重要作用，但它不能完全取代教师的课堂讲授。教师的讲授能够集中且深入地讲解知识中的关键和难点，并能激发学生的积极思维。教师的讲授和笔记并不像教科书或讲义那样系统完整和精确。教师的教学同样不能完全取代教科书或讲义的功能。教师讲授和教科书或讲义在教学中各有重要作用，互不可替代。高等教育学生需结合教科书、参考材料及深入研究，并依赖教师讲授和教科书的互补性，以全面提升学习质量：

第一，教材规定了学生应掌握的知识体系，包括事实、概念、法则和理论。通过详细涵盖这些内容，教材确保学生能够全面理解和掌握相关知识。

第二，教材规定了学生应掌握的技能体系，包括与知识相关的能力、熟练技巧、心理作业和实践作业的步骤、作业方式和技术。教材确保学生能系统地掌握相关技能。

第三，教材规定了学生应培养的思想品德，包括奠定正确世界观的知识，以及政治、道德方面的认识、观念和规范。教材帮助学生形成正确的世界观、政治观和道德观。

第四，根据教学内容和学生特点选择适当的教学媒体至关重要。不同类型的教学媒体具有不同的功能和特长。依据教育技术原理、教学经验和教学条件，合理运用这些教学媒体可以显著提高教学质量、效果和效率。根据教学内容和学生特点，合理选择和运用不同类型的教学媒体，能够优化教学效果，提升教学质量和效率。

高校教材不仅承载知识，更是科学著作，反映了作者的哲学和学术观点。即使在相同的教学大纲或要求下，不同作者编写的教材体系结构和教学安排也会有所不同。这表明教材具有多样性，学生需要对不同教材进行比较和分析，以更好地理解和掌握知识。

二、高校教材的分类

高校教材不仅构成教育活动的基础，也是高校综合实力和科研水平的体现。教材管理反映了高校在教学、科研等方面的综合水平，其质量和管理直接影响着高校的声誉和学术地位。对高校教材进行科学合理的分类，有助于教材管理的系统化和规范化，同时对于提高教学质量、促进学术研究具有重要意义。

（一）依据教材在教学过程中的作用分类

在教学过程中，教材扮演着至关重要的角色，它们是知识的载体，可以被细致地分类，以适应多样化的教学需求和学习目标。以下是对教材分类的详细阐述：

第一，基本教材。基本教材通常是指教科书或主教材，它们为学生提供了一个全面而坚实的知识基础。基本教材通常由教育专家或学科权威编写，经过严格的审查和认可，确保其内容的科学性、系统性和权威性。

第二，参考书。参考书是辅助基本教材的教学资源，它们提供了对教科书内容的补充和扩展。参考书可能包含更深入的讨论、案例研究、额外的练习题或最新的学术研究成果。它们旨在帮助学生和教师从不同角度理解教材内容，促进批判性思维和独立研究的能力。

第三，指导书。指导书是专门针对特定教学活动或学习任务的辅助材料，如实验指导书、毕业设计指导书和课程设计指导书等。这些书籍提供了详细的步骤说明、操作技巧和安全指南，帮助学生在实践操作中运用理论知识，培养实际操作技能和解决实际问题的能力。

第四，手册。手册是提供特定信息或指导的小型书籍，它们通常包含快速参考的信息，如公式、数据表、定义或操作指南。手册便于携带和查阅，适合作为快速查找信息的工具。

第五，图册。图册通过视觉材料，如图表、图片、图解和地图等，来辅助教学。它们使复杂的信息和数据更易于理解和记忆，尤其适合于那些依赖视觉学习的学生。

第六，习题集。习题集包含了大量的练习题和问题，用于帮助学生巩固和深化对教材内容的理解。习题集可以是教科书的补充，也可以是独立的学习材料，它们鼓励学生通过实践来提高解决问题的能力。

第七，补充讲义。补充讲义是教师根据教学计划和学生学习进度准备的辅助材料。其内容可能包括课堂笔记、额外讲解、案例分析或专题讨论等内容，有助于学生更好地理解和掌握教学内容。补充讲义有助于填补教学中的空白，确保所有学生都能跟上课程进度。

（二）依据教材在教学流程中的地位分类

第一，公共基础课教材是所有学生必须学习的基础内容，它们通常包括语文、数学、英语等学科，这些课程为学生的进一步学习奠定坚实的基础。专业基础课教材则是针对特定学科领域的基础理论和知识，如经济学原理、物理学基础等，这些课程帮助学生建立起专业领域的初步认识。

第二，专业技术基础课教材则更进一步，它们涉及特定专业的技术和应用知识，如电子工程基础、机械设计基础等。这些课程使学生能够掌握专业技能，为实际工作做准备。而专业课教材则是针对特定专业深入细致的教学内容，如高级财务会计、计算机网络技术等，这些课程要求学生具备较强的专业知识和实践能力。

第三，选修课教材则为学生提供了更多的选择空间，学生可以根据自己的兴趣和未来职业规划选择相关的课程，如艺术欣赏、第二外语等。这些课程不仅丰富了学生的学习生活，也有助于培养学生的综合素质和兴趣爱好。

在教学流程中，不同类型的教材相互配合，形成了一个完整的教学体系。从公共基础课到选修课，每一类教材都有其独特的作用和意义。教材引导学生从一个知识点过渡到另一个知识点，从一个学科领域跨越到另一个学科领域，最终达到全面发展的目标。

（三）依据教材使用对象的培训层次分类

教材的编写和使用需考虑目标受众的特定需求和知识水平。在教育体系中，不同层次的学习者对教材的深度、广度和复杂性有不同的要求。因此，教材可以根据使用对象的培训层次进行分类，以满足不同教育阶段的学习需求。

第一，研究生教材专为高层次学术研究和专业深造设计，这类教材通常涉及前沿的研究成果、理论探讨和实践应用，要求学习者具备较强的理论基础和独立研究能力。研究生教材往往由学术界的专家或资深学者编写，内容上注重深度和创新性，旨在培养学生的批判性思维、分析问题和解决问题的能力。研究生教材还可能包括专业领域的案例研究、研究方法论以及学术论文写作指导等内容。

第二，大学教材包括本科和专科教材，旨在为大学生提供扎实的专业知识和技能。本科教材注重基础知识的传授和学术能力的培养，内容通常较为全面，覆盖学科的各个主要领域。随着学科的深入，教材内容会逐渐增加理论的深度和实践的广度，以适应学生认知能力的提升。专科教材则更侧重于专业技能的培养和实际应用，适合于应用技术教育和职业教育的学生，强调技能训练和职业素养的提高。

（四）依据学校办学的不同形式进行分类

教育的多样性和灵活性在办学形式上得到了充分体现，这种多样化的办学模式对教材的种类和内容提出了不同的要求。为了适应不同教育形式的特点，教材的编写和使用也呈现出相应的分类。

第一，全日制学校教材是为传统全日制教育模式设计的，它们通常遵循固定的课程结构和教学进度，这些教材内容系统、全面，旨在为学生提供扎实的学科基础和深入的专业知识。全日制学校教材往往由教育部门或专业出版社出版，经过严格的审定，以确保其质量和适用性。全日制学校教材还会包括丰富的教学辅助材料，如教师用书、实验手册、习题集等，以支持教师的教学活动和学生的学习需求。

第二，电视大学教材和函授教材是为满足成人教育和远程教学的需要而设计的，这类教材需要考虑到学习者的时间安排和学习习惯，因此通常具有较强的自主性和灵活性。电视大学教材会结合视频课程和在线资源，为学生提供多媒体的学习体验。函授教材则侧重于文字材料的编写，它们往往包含详细的学习指导和自学提示，帮助学生在没有面对面教学的情况下进行有效学习。

第三，职业高校教材是为职业技术教育量身定制的，它们更侧重于实践技能的培养和专业操作的学习。职业学校教材通常会包含大量的案例分析、工作流程描述和实训项目，以帮助学生掌握必要的职业技能和工作技巧。职业学校教材还会与行业标准和职业资格认证相结合，以提高学生的就业竞争力。

（五）依据学校不同性质对教材进行分类

高校教材作为高等教育知识传递的重要媒介，其分类直接关系到教学内容的深度、广度以及教学方法的实施。随着高等教育的不断发展，高校教材的分类也越来越细致和专业化，以适应不同学科领域和不同教育目标的需求。

第一，文科教材主要针对人文社会科学领域的教学需求，这类教材涵盖了哲学、经济学、法学、教育学、文学、历史学、管理学等多个学科，其内容通常注重理论阐述、历史脉络、文化分析和批判性思维的培养。文科教材强调对学生综合素质的提升，包括语言表达能力、逻辑思维能力、社会责任感和人文关怀。为了适应文科教育的特点，教材往往采用案例分析、经典文献研读、讨论与辩论等多样化的教学方法，以促进学生的主动学习和深入思考。

第二，理科教材侧重于自然科学的基础理论和实验技能的培养，这类教材包括数学、物理、化学、生物学等基础科学领域，其内容结构严谨，强调对科学原理的深入理解和应用能力的提高。理科教材通常包含大量的习题、实验指导和研究案例，以帮助学生通过实践操作来巩固理论知识。此外，理科教材还会介绍科学前沿的研究成果和发展动态，激发学生的探索兴趣和创新意识。

第三，理工科教材结合了理科的理论基础和工科的应用实践，是工程技术教育的核心教学资源。这类教材旨在培养学生的工程意识、设计能力和解决实际问题的能力。理工科教材内容通常涉及机械工程、电子工程、计算机科学、土木工程等工程技术领域，其特点是理论与实践相结合，注重工程案例分析和项目实践。教材中不仅包含必要的理论知识，还提供丰富的实验、实训、设计和创新项目，以提高学生的实际操作技能和工程应用能力。

第四，农林牧教材是针对农业、林业、畜牧业和渔业等农业生产领域的专业教材。这类教材内容涵盖了农业生产的各个环节，包括作物栽培、动物饲养、土壤管理、农业经济等，注重培养学生的农业生产技能和农村发展能力。农林牧教材通常会结合农业生产实际，介绍先进的农业技术和管理方法，以及农业可持续发展的理念。

第五，医学卫生教材是为医学教育和医疗卫生人才培养而编写的专业教材。这类教材内容广泛，包括基础医学、临床医学、公共卫生、护理学等多个专业领域。医学卫生教材强调医学知识的系统性和实践性，注重培养学生的临床思维和医疗技能。教材中不仅详细介绍了医学理论，还包含了大量的临床案例、操作规程和实习指导，以提高学生的临床实践能力。

（六）依据教材信息传递形式和表达方式分类

在当今信息化时代，高校教材作为知识传递的主要媒介，其形式和表达方式的多样化已经成为教育领域的一大特色。信息的传递依赖于有效的载体，而教材正是这一载体的重要组成部分。根据信息传递的形式和表达方式，高校教材可以分为视觉教材、听觉教材和视听教材等不同类型，每种类型都有其独特的特点和应用场景。

第一，视觉教材是最为传统且常见的一种形式，它主要通过文字和图像来传递信息。在高校中，这种类型的教材分为字符教材和实物教材两种类型。字符教材包括教科书、参考书、实验指导书等。教材涵盖了字符教材和实物教材，其中字符教材包括教科书等，它们以文字为主，辅以图表、公式等元素，为学生提供了丰富的理论知识和学术观点；实物教材通过展示实物或模型，使学生能够直观地观察和理解抽象概念，如生物标本、化学试剂、地理矿石等。这些视觉教材的优势在于其稳定性和持久性，学生可以反复阅读和参考，加深理解和记忆。

第二，听觉教材是通过声音来传递信息的教材形式，这类教材主要包括有声媒体等，它们通常用于语言学习、音乐欣赏等领域。例如，外语教学中使用的语音教材可以帮助学生模仿发音，提高听说能力；音乐课程中使用的古典音乐录音能够让学生感受音乐的魅力和历史背景。听觉教材的特点是直观生动，能够提供真实的听觉体验，有助于培养学生的听力和语感。

第三，视听教材结合了视觉和听觉的双重优势，通过图像和声音的同步传递，为学生提供了更加丰富和立体的学习体验，这类教材包括教学电影、CAI课件等。教学电影通过动态的画面和生动的讲解，使抽象的知识变得具体易懂；CAI课件利用计算机技术，将文字、图像、动画、音频等多种元素融合在一起，实现了互动式学习。视听教材的特点是形式多样、内容丰富，能够激发学生的学习兴趣和参与度。

三、高校教材的属性

（一）高校教材具有中介性与社会性

高校教材不仅是知识传递的媒介，它们还承载着文化的传承和价值观念的传播。作为教育过程中不可或缺的组成部分，高校教材具有明显的中介性和社会性。中介性体现在教材作为教师与学生之间沟通的桥梁，传递着知识的精髓和文化的内涵；社会性则表现在教材内容反映了社会发展的需求和时代的精神风貌。

第一，中介性是高校教材的基本属性之一。在教学活动中，教材充当了教师与学生之间的中介,它不仅传递知识和技能,还传递思想和文化。通过精心编排的内容和结构,教材将复杂的学科知识转化为易于理解的教学内容,使学生能够逐步掌握各个领域的核心概念和理论。教材还融入了教师的教学理念和方法,引导学生如何思考问题、分析问题并解决问题。在这一过程中,教材不断促进学生的认知发展和思维能力的提升,帮助他们建立起对世界的正确认识和价值观。因此,教材的设计和编写需要充分考虑学生的认知水平和心理特点,以及教师的教学需求和风格,从而确保教材能够有效地服务于教学目标。

第二,社会性则是高校教材的重要特征。教材内容不是孤立存在的,它与社会的发展紧密相连。一方面,教材需要反映社会的科技进步和经济发展,及时更新知识和技术,使学生能够适应未来社会的挑战。例如,随着信息技术的飞速发展,相关的教材也需要不断更新,以包含最新的技术和应用。另一方面,教材需要传递社会的价值观念和文化传统,培养学生的社会责任感和公民意识。这要求教材内容不仅要有科学性和前瞻性,还要有人文关怀和社会意义。通过介绍历史事件、文化遗产、道德规范等内容,教材帮助学生理解社会的多样性和复杂性,培养他们的批判性思维和创新能力。

(二)高校教材具有可教性与可学性

教材对教学过程具有显著的制约作用,因此教材的编写必须充分考虑其对教学和学习的影响,确保教材既适合教学也适合学习,即教材应具备可教性与可学性。

第一,教材的可教性主要体现在内容的规定性、渐进性与启发性。与专著和一般书籍不同,教材内容的广度与深度必须恰当,原则上应遵循"内容精练"的原则。教材内容的组织与安排应遵循学生的认知规律,即从简单到复杂,从具体到抽象,从已知到未知,确保内容的呈现是循序渐进的；教材中最重要和最基础的知识点、技能以及难点应得到恰当的安排和强调。此外，还需关注不同学科间以及同一学科不同层次教材之间的关联性和衔接性；注重教材内容编排的合理性以及表述的启发性。

第二，教材的可学性是指教材应易于学生接受，能够激发学生主动和创造性的学习行为，使教材既是教学的辅助工具，也能作为自学的资源。为了实现这一目标，教材的选编和编写需要投入大量的精力和心思。即便教材内容已经确定，如何深入挖掘教材内涵、采用有效的教学方法和手段，以及如何引导学生掌握良好的学习方法，都是提升教材质量、充分发挥教材功能的关键因素。

通过精心设计和编写，高校教材应成为连接教师教学和学生学习的重要桥梁，不仅传递知识，更引导学生探索、思考和创新。这要求教材编写者不仅要有深厚的学科知识，还要了解教学规律和学习者的需求，以编写出既科学又实用的高质量教材。

（三）高校教材具有继承性和先进性

高校教材的继承性与先进性是确保教育质量的两个关键因素。继承性确保了教材内容的连贯性和基础性，而先进性则保证了教材内容的时代性和前瞻性。

第一，继承性是教材编写的基石，它要求教材必须系统地反映学科的基础知识、理论和规律，为学生提供一个坚实的学术基础，这些基础知识和理论是理解新知识、新理论的前提，也是进行技术创新和应用研究的基石。教材的继承性还体现在对学科历史和文化传统的尊重，通过介绍学科的发展历程和重要贡献，培养学生的学术素养和历史责任感。然而，继承性并不意味着教材内容的僵化和陈旧。相反，教材编写者需要在继承传统的基础上，不断吸收新的教育理念和技术成果，使教材内容保持活力和开放性。

第二，先进性是教材编写的重要目标。它要求教材能够及时反映学科的最新研究成果和发展动态，引导学生了解和掌握前沿知识。特别是对于专业课程教材，先进性尤为重要。专业课程教材需要紧跟学科发展的步伐，及时更新内容，反映最新的科学成就和技术进展。然而，教材的先进性并不是盲目追求新颖和时髦，而是要在确保内容正确性和稳定性的基础上，准确反映那些经过实践检验和学术认可的新成果。这要求教材编写者不仅要有深厚的学术造诣，还要有敏锐的学术洞察力和前瞻性。

继承性与先进性是教材编写的两个重要原则，它们相辅相成，共同构成了教材内容的完整性和科学性。在编写教材时，需要在继承性的基础上追求先进性，在先进性的指导下强化继承性。这不仅需要教材编写者具备扎实的学术功底和敏锐的学术洞察力，还需要教育部门和学术机构的大力支持和引导。通过多方的共同努力，我们可以编写出既继承传统又引领未来的高质量教材，为培养高素质的创新人才奠定坚实的基础。

（四）高校教材具有科学性与思想性

高校教材在传递专业知识的同时，也承担着培养学生科学思维和独立思考能力的重要任务，这种双重任务使得高校教材必须具备科学性与思想性这两个基本特征。

第一，科学性是指教材内容必须基于科学原理和事实，反映学科领域内公认的知识和最新的研究成果。高校教材的科学性要求编写者在内容的选取和组织上遵循严谨的科学态度和方法。这意味着教材中的概念、理论和数据应当准确无误，论证过程应当合理严密，实验和实践内容应当具有可操作性和验证性。科学性还体现在教材能够引导学生运用科学的方法和思维方式去探索未知，解决问题。例如，理工科教材通常会包含实验设计、数据分析、逻辑推理等环节，而社会科学教材则会涉及调查研究、案例分析、批判性思维等内容。通过这些科学训练，学生能够培养出对事物本质和规律的深刻理解，形成严谨求实的学术态度。

第二，思想性是指教材内容不仅要传授知识，还要激发学生的思考，培养他们的价值观和世界观。高校教材的思想性要求编写者在传递知识的同时，关注学生的思想发展和道德培养。这意味着教材应当包含对人类历史、文化遗产、社会现象、哲学思想等方面的介绍和分析，帮助学生建立起对世界的多维理解和深层次思考。例如，文学教材可以通过经典作品展示人类情感和精神追求，哲学教材可以引导学生探讨人生意义和价值判断，历史教材则能够让学生从中汲取历史经验和智慧。通过这些思想的碰撞和交流，学生能够形成独立的人格和自由的精神，学会在复杂的社会环境中作出合理的判断和选择。

综上所述，高校教材的科学性和思想性是其不可或缺的两大属性。科学性保证了教材内容的严谨性和实用性，为学生提供了探索世界的工具和方法；思想性则确保了教材内容的深度和广度，为学生打开了思考世界的窗口。在未来的教育实践中，高校教材应继续坚持科学性和思想性的原则，既要传授给学生系统的知识和技能，也要引导他们进行深入的思考和探索，从而培养出既具有专业素养又具备独立思考能力的复合型人才。

（五）高校教材具有系统性与关联性

高校教材具有系统性与关联性，这是确保教学内容完整性和深度的关键要素。系统性要求教材内容能够全面、有序地覆盖学科的基本概念、原理、方法和应用，形成逻辑严密、结构清晰的知识体系。关联性则强调教材内容不仅要在学科内部形成有机联系，还要与相关学科和社会实践相联系，体现学科知识的综合性和应用性。

第一，系统性。系统性要求教材内容按照学科的内在逻辑和认知规律进行组织，从基础到高级，从理论到实践，循序渐进地引导学生深入理解学科知识。系统性的教材能够帮助学生建立起完整的学科框架，形成清晰的知识结构，为后续的学习和研究打下坚实的基础。在编写教材时，需要充分考虑学科的深度和广度，合理安排章节内容和顺序，确保教材的连贯性和逻辑性。同时，教材还应该包括必要的案例分析、习题训练和实验指导，帮助学生巩固理论知识，提高实践能力。

第二，关联性。关联性要求教材内容不仅要反映学科内部的联系，还要体现学科之间的交叉和融合，以及学科知识与社会实践的联系。关联性的教材具有拓展学生知识视野的特点，同时能激发学习兴趣，培养创新思维和综合应用能力。在编写教材时，需要注重学科之间的相互渗透和整合，介绍学科的交叉领域和前沿问题，引导学生进行跨学科的学习和思考。教材还应该关注学科知识在社会发展和人类进步中的应用，介绍学科的实践案例和社会价值，培养学生的社会责任感和职业素养。

系统性与关联性是教材编写的两个重要维度，它们相辅相成，共同构成了教材内容的完整性和深度。在编写教材时，需要在系统性的基础上追求关联性，在关联性的引导下强化系统性。这不仅需要教材编写者具备深厚的学科知识和宽广的知识视野，还需要教育部门和学术机构的大力支持和引导。教材的系统性与关联性也需要在教学过程中得到充分体现和有效实施。教师应根据教材特点和学生需要采用多样化的教学方法和手段，引导学生进行系统学习和关联性思考。这种做法有助于促进学生的全面发展，培养其综合能力和思维深度。

（六）高校教材具有受约性与综合性

高校教材在编写和使用时，既受到一定限制和约束，又需要综合多方面的知识和信息，这种双重特性体现了高校教材的受约性与综合性。

第一，受约性是指高校教材在编写和使用过程中受到的限制和约束。这些限制和约束来自多个方面。首先，教育政策和法规对教材的内容和形式有一定的规定，以确保教材符合国家教育目标和价值观念。例如，某些国家可能要求教材中必须包含一定比例的本国历史和文化内容，以培养学生的民族认同感。其次，学科领域内的知识体系和学术共识也对教材内容产生影响，教材需要根据学科发展的阶段和趋势来选择和组织知识点。此外，学生的学习需求和认知水平也是教材编写时需要考虑的重要因素，教材难度应与学生的实际水平相匹配，以确保教学效果。最后，出版社的要求和市场因素也会对教材的编写和发行产生影响，如篇幅限制、成本控制等。

第二，综合性是指高校教材需要涵盖多方面的知识和信息，以满足学生全面发展的需求。高校教材不仅要传授专业知识，还要涉及跨学科的内容，以培养学生的综合素养和创新能力。这种综合性体现在教材内容的多样性和广泛性上。例如，理工科教材中可能会包含一些人文社科的内容，如科学史、伦理学等，以帮助学生理解科技发展对社会和个人的影响；而文科教材中也可能会包含一些自然科学的基础知识，如统计学、逻辑学等，以提高学生的逻辑思维和分析能力。综合性还体现在教材设计和教学方法上，教材应通过多种方式激发学生的学习兴趣和参与度，如案例分析、小组讨论、实践操作等。通过这些综合性的设计和内容安排，教材能够促进学生在不同领域和层面上的思考和学习。

第二节　高校教材工作及其内容与原则

一、高校教材工作的特征

从系统论的观点看，高校教材工作是院校整个教育大系统的一个子系统。教材工作一般包括业务、管理和研究三大部分。高校教材工作通常具有一定的社会性，其特点还包括面向学术界和社会需求，涵盖多学科领域等。

（一）工作复杂

高校教材工作是一项具有挑战性的学术活动，它不仅要求高度的学术性和专业性，还涉及广泛的领域和政策层面的考量。随着教育事业的发展，教材工作面临着持续更新和提升的需求，这包括教材编写的系统优化、教材研究的深入拓展、印刷工艺的技术革新、教材管理的现代化改进，以及教材供应模式的转型升级等，这些新课题往往缺乏现成的经验可供借鉴，教材工作还需适应教学改革的步伐，教材改革常被视为教学改革的先导，这种先行本质上是一种创新过程，因而伴随着众多困难，使得教材工作变得较为复杂。

高校教材作为社会化生产的一部分，其管理工作涉及众多机构和部门。从国家层面的教育行政部门到地方的教育培训机构，从学校及其各个教学单位到新华书店、图书代办站、出版社、印刷厂、图书馆等，都是教材管理工作的重要参与者。由于涉及的部门众多，存在的矛盾和环节复杂，这无疑增加了教材工作的难度。教材工作的复杂性要求管理者具备高度的协调能力、创新能力和解决问题的能力，以确保教材的质量和供应能够满足教育发展的需求。

（二）目标明确

高校作为知识传播和创新的重要场所，其核心任务之一便是通过教学和科研活动来培养符合时代要求的高素质人才。在这一过程中，教材工作扮演着至关重要的角色。高校教材工作的目标非常明确，即通过提高教材质量、确保教材供应，全力支持教学和科研工作的顺利进行，从而助力院校完成人才培养的宏伟目标。

第一，提高教材质量是教材工作的首要目标。高质量的教材是保证教学质量和学习效果的基础，这要求教材在内容上既要科学权威，又要贴近学生实际，能够引发学生的学习兴趣和思考。教材的形式和结构也应便于教学实施和学生理解，包括但不限于清晰的逻辑结构、合适的难度梯度、丰富的案例分析以及现代化的教学辅助工具。此外，教材的编写和选用还应充分考虑学科发展的最新动态，及时更新知识点，以保持教材内容的前瞻性和创新性。

第二，确保教材供应是教材工作不可或缺的目标。无论是课堂教学还是科研实践，稳定可靠的教材供应都是必要的保障，这就要求高校在教材工作中要有充分的预见性和计划性，建立起高效的教材采购、存储、分发和更新机制。确保每一门课程都有适宜的教材可用，每一份教材都能按时到达师生手中。在应对突发事件时，也需要有快速反应的能力，以保证教学活动的连续性和稳定性。

第三，教材工作旨在为教学和科研服务，促进实现院校的人才培养目标，其终极目标是支持学校的教学使命和培养目标的实现。教材不仅仅是知识的载体，更是教师教学理念和教学方法的体现，是连接教师与学生的桥梁。教材工作应支持教师采用多样化的教学策略，促进学生的主动学习和批判性思维。教材还应为科研提供必要的理论基础和方法论支持,帮助学生和教师在科研实践中不断探索和创新。

(三) 任务繁重

高校教材工作是高等教育体系中的重要组成部分,其任务的繁重性体现在多个方面。

第一,教材工作的核心任务之一是规划和组织本校的教材建设与研究。这不仅涉及对现有教材资源的评估和筛选,还包括对教材内容的更新、改进和创新。为了适应快速变化的教育需求和学术发展,教材工作需要不断地进行课程内容的优化和教学方法的探索,以确保教材的质量和教学的有效性。

第二,高校教材工作还包括教材和讲义的选购工作,这一任务要求教材工作团队具备专业的鉴别能力,能够从众多的教材出版物中选择最适合本校教学需求的资源。选购教材时,需要考虑教材的学术性、适用性、创新性和多样性,确保所选教材能够满足不同学科、不同层次的教学要求。对于自编教材和讲义的印刷工作,教材工作团队还需与印刷部门密切合作,确保教材的印刷质量和时效性,以满足教学进度的需要。

第三,教材工作的另一项重要任务是保证教材的按时足量供应,这要求教材工作团队具备高效的组织协调能力和应变能力。在教材的采购、存储、分发等环节中,需要精确的计划和严格的管理,以避免教材短缺或过剩的情况发生。特别是在每学期开学之初,教材需求量大增,教材工作团队必须提前做好准备,确保教材能够及时分发到教师和学生手中,不影响正常的教学秩序。

（四）计划性强

高校教材工作以其高度的计划性而著称，这一特性是确保教学活动顺利进行的关键。教学活动的计划性和时间性要求教材工作必须具备前瞻性和及时性，以适应教学进度的安排和变化。

第一，随着教学改革的不断深入，教学内容和教学方法的更新日益频繁，这要求教材工作能够提前预见教学需求的变化，及时调整和优化教材资源。教材的更新和编写需要与教学改革同步，甚至要有一定的超前性，以确保教材内容的现代性和前瞻性。这就要求教材工作团队不仅要密切关注教学改革的动态，还要具备快速响应和高效执行的能力。

第二，为了保证教学活动的顺利开展，教材的准备工作必须提前进行。这包括教材的预编、预订、预购和预发等环节，每个环节都需要精确的计划和严格的时间管理。教材工作团队需要根据教学计划和课程安排，提前制订教材的采购和分发计划，确保教材能够按时足量地供应；还需要对教材的"配备率""到书率"和"使用率"进行监控和评估，确保教材资源的合理利用和高效配置。

第三，教材的编写和出版是一个复杂的过程，涉及选题确定、内容编写、专家审阅、印刷制作等多个环节，每个环节都需要一定的时间。为了让学生和教师能够及时使用到新的教材，教材工作团队必须对整个流程进行严格的时间控制和进度管理。这不仅需要团队成员具备专业的知识和技能、良好的组织协调能力和应变能力，还需要与出版社、印刷厂等外部机构进行有效的沟通和合作，确保教材的质量和时效性。

第四，教材工作的计划性还体现在对教材使用效果的跟踪和评估上。教材工作团队需要定期收集和分析教师和学生的反馈意见，对教材的使用效果进行评估，及时发现和解决教材使用中的问题；还需要根据评估结果，对教材进行必要的修订和更新，以适应教学需求的变化。

这要求教材工作团队不仅要具备专业的学术素养，还需要具备敏锐的市场洞察力和持续的创新能力。

二、高校教材工作的内容

第一，教材选题与编写。教材选题是教材工作的首要环节，它决定了教材的内容和方向。高校应根据学科发展的最新动态、教学计划的要求以及学生的学习需求，进行科学的教材选题。选题过程中，应充分发挥教师的专业优势，鼓励教师参与教材的编写工作。在教材编写过程中，应注重教材的科学性、系统性和创新性，力求使教材内容既有深度又有广度，既有理论性又有实践性；还应注重教材的可读性和趣味性，提高学生的学习兴趣和学习效果。

第二，教材审定与出版。教材审定是确保教材质量的重要环节。高校应建立严格的教材审定制度，对教材的内容、结构、语言等进行全面审查。审定过程中，应邀请相关学科的专家参与，确保教材的学术质量和教学适用性。教材出版是教材工作的实施阶段，它关系到教材的印刷质量、发行渠道和出版时间等。高校应选择有资质的出版社进行合作，确保教材的印刷质量和发行效率；还应建立教材反馈机制，及时收集师生对教材的意见和建议，为教材的修订和完善提供依据。

第三，教材使用与评价。教材使用是教材工作的最终目的，它直接关系到教学效果和学习效果。高校应根据教学计划和课程要求，合理选用和分配教材。在使用过程中，教师应充分发挥教材的教学功能，结合教学内容和学生特点，灵活运用教材。高校还应建立教材评价机制，定期对教材的使用效果进行评价和反馈。评价过程中，应综合考虑教材的科学性、适用性、创新性和教学效果等因素，全面评价教材的质量和效果。通过教材评价，可以及时发现教材存在的问题和不足，为教材的修订和更新提供依据。

三、高校教材工作的原则

（一）整体性原则

1. 树立教材工作的整体观念

高校教材工作是一项系统性工程，它不仅涉及教材的编写、审定、印刷和分发等环节，还与教学计划、课程设置、教学方法和教育目标紧密相关。因此，遵循整体性原则，树立教材工作的整体观念对于提高教材工作的质量和效率至关重要。

（1）教材与教学计划的协调一致。教材工作先要与教学计划保持一致。教学计划是实现教育目标的蓝图，教材则是这一蓝图的具体实施工具。教材的内容、难度和深度应与教学计划的要求相匹配，确保学生能够通过教材学习掌握必要的知识和技能。教材的更新也应与教学计划的调整同步，及时反映教学内容的最新变化。

（2）教材内容的系统性和连贯性。教材内容的编写需要体现系统性和连贯性。一套高质量的教材应当能够全面覆盖学科的基础知识、核心概念和关键技能，同时各章节和各册教材之间应有清晰的逻辑关系和顺畅的过渡。教材内容的系统性和连贯性有助于学生构建完整的知识结构，促进深层次的理解和应用。

（3）教材与教学方法的融合。教材工作还需要考虑与教学方法的融合。不同的教学方法可能需要不同类型的教材支持。例如，项目导向的教学方法可能需要更多案例分析和实践活动的教材，而研究导向的教学则可能需要更多理论探讨和学术文献的教材。教材工作应根据教学方法的特点，设计和选用合适的教材，以提高教学效果。

（4）教材与教育技术的结合。随着教育技术的发展，教材工作也需要与教育技术相结合。数字化教材、在线课程和多媒体教学资源等新型教材形式，为教学提供了更多可能性。教材工作应积极探索与教育技术结合的新模式，利用教育技术提高教材的互动性、可访问性和个性化，以适应数字化时代的教学需求。

（5）教材的质量和效益的综合考量。教材工作还需要综合考量教材的质量和效益。一方面，教材的质量直接关系到教学效果和学生的学习体验；另一方面，教材的制作和分发也需要考虑成本效益。教材工作应在保证教材质量的前提下，通过优化流程、提高效率和合理定价，实现教材工作的经济可持续性。

（6）教材工作的持续改进。教材工作还需要建立持续改进的机制。教育是一个不断发展变化的领域，教材工作也需要不断适应新的教育环境和学习需求。教材工作应定期收集教师和学生的反馈，评估教材的使用效果，根据反馈进行必要的修订和更新。教材工作也应关注教育研究的新成果，不断吸收新的教育理念和教学方法，提高教材的前瞻性和创新性。

2. 教材工作应以编著为重点

高校教材工作以编著为重点，这一方针不仅体现了对教材内容质量的重视，而且强调了教材在学术传承和创新中的核心作用。

（1）编著的重要性。编著教材不仅是知识的传递过程，更是对学科知识体系进行梳理和整合的过程。高质量的教材能够为学生提供准确的学科框架、理论体系和知识点，有助于学生构建扎实的学术基础。同时，优秀的教材还能够激发学生的学习兴趣，培养其批判性思维和创新能力。因此，高校教材工作应当将编著视为提升教学质量和学术研究水平的关键。

（2）编著的挑战与对策。面对快速变化的学术环境和教育需求，教材编著面临着诸多挑战。首先，知识更新速度快，教材容易过时；其次，跨学科的知识融合要求教材能够涵盖多领域的最新研究成果；再次，学生的多样化需求要求教材能够满足不同学习风格和能力的需求。为了应对这些挑战，高校应当鼓励和支持教师参与教材编著，提供必要的资源和时间，同时建立与行业专家和出版社的合作关系，确保教材内容的时效性和实用性。

（3）编著的创新方向。随着教育技术的发展，教材编著也在不断探索新的模式和方法。例如，数字化教材和在线资源的整合可以提供更加灵活和互动的学习体验。此外，开放教育资源的兴起为教材编著提供了新的平台，促进了知识的共享和扩散。高校应把握这些新趋势，推动教材编著向更加开放、多元和互动的方向发展。

（二）方向性原则

1. 坚持为实现培养目标服务

高校教材工作的方向性原则是确保教育活动与既定教育目标相符合的重要保证。在这一原则的指导下，教材工作应紧紧围绕高校培养目标来展开，以服务于学生的全面发展和专业能力的培养为核心任务。具体而言，教材工作的方向性原则体现在以下两个方面：

（1）高校教材的编写和选用必须与学校的教育目标和专业培养方案保持一致。这意味着教材内容不仅要涵盖专业知识的核心要素，还要注重学生创新能力、批判性思维和终身学习能力的培养。教材应反映出最新的学术成果和行业发展趋势，同时融入跨学科的知识和技能，以适应快速变化的社会和经济需求。教材还应包含丰富的案例分析、实践操作和研究项目，以增强学生的学习兴趣和应用能力。

（2）高校教材工作的方向性原则还要求教材的管理和更新机制能够灵活应对教育目标的变化。随着教育改革的不断深入，新的教育理念和教学方法层出不穷，教材工作必须及时吸纳这些新思想、新方法，不断更新和完善教材内容。教材工作还应建立有效的反馈和评估机制，定期收集教师和学生的意见和建议，对教材的使用效果进行评估，并据此进行调整和优化。通过这种动态的管理和更新，教材能够始终保持其针对性和前瞻性，更好地服务于高校的人才培养目标。

2. 坚持适应教学改革与发展

高校教材工作的方向性原则强调适应教学改革与发展的必要性，这是确保教材内容与教学方法能够与时俱进、符合现代教育需求的关键。在这一原则指导下，教材工作应积极回应教育领域的新理念、新技术和新要求，以促进教学质量和效果的持续提升。

（1）适应教学改革与发展意味着教材工作要紧跟教育政策的变动和学术研究的进展。随着教育改革的不断深入，新的教育方针、课程标准和教学理念被提出，教材工作应当迅速响应这些变化，及时调整教材内容和结构。例如，当教育政策强调培养学生的创新能力和实践技能时，教材编写就应增加更多与创新思维和实际操作相关的章节和案例。教材还应吸纳最新的科研成果，反映学科发展的前沿动态，确保学生能够接触到最前沿的知识和信息。

（2）高校教材工作的方向性原则还要求教材的编写和更新能够适应教学方法的变革。传统教材已无法完全满足现代教学需求。教材工作需要积极探索与现代教学方法相结合的新形式。这包括借助信息技术，开发多媒体教材，以及设计互动性更强、个性化定制的教学资料，以提升教学效果和学习体验，如开发多媒体教材、网络教材和开放教育资源。这些新型教材能够提供更加丰富和互动的学习体验，激发学生的学习兴趣，提高学习效率。教材工作还应关注个性化学习和终身学习的需求，开发更多适应不同学习风格和需求的教材，以满足多样化的教学目标。

（三）协调性原则

系统是指诸要素组成的整体，要素之间必然存在相互制约、相互影响的关系，而这些关系正是系统所要依赖的基础。因此，任何一个要素在系统中存在和有效运动，都要与其他要素有关，某一个要素发生变化，其他相关要素也必须作相应的变化，才能保证系统总体功能的优化，协调性原则指导人们在教材工作中要注意分析和观测要素的变化情况，发挥人的主观能动作用，使教材各部分工作、各个环节协调发展，以求获得更好的管理成效。对于高校教材工作而言，其协调的内容主要包括以下方面。

1. 资源的协调

教材建设是一项复杂而重要的工作，它不仅需要精心的设计和规划，还需要充足的资源支持，这些资源包括人力资源、物力资源和财力资源等多个方面。在实施教材计划的过程中，往往会遇到某一部门或单位资源不足的情况，这时就需要其他部门和单位的支援或协作。在资源协调方面，应该充分发挥各部门和单位的优势，扬长避短。例如，在编写实用性较强的岗位培训教材时，往往需要与工厂、企业及相关在岗单位协作，这样的好处是多方面的，具体如下：

（1）发挥编著者的优势。编著者通常具有扎实的理论基础和丰富的教学经验，他们能够将复杂的理论知识以易于理解的方式呈现，为学习者提供清晰的学习路径。

（2）利用实践单位的优势。与教材内容相关的技术人员或管理人员通常具有丰富的实践经验和强大的工作能力，他们能够提供真实的案例和实际操作技巧，使教材内容更加贴近实际工作需求。

（3）促进理论与实践的结合。通过双方的合作，教材内容可以实现理论与实践的有机结合，既能够满足学习者对理论知识的需求，又能够提高他们的实际操作能力。

（4）增强教材的针对性和实用性。与实际工作单位合作编写教材，可以确保教材内容紧密贴合行业需求和最新技术发展，从而提高教材的针对性和实用性。

（5）资源共享和优化配置。通过跨部门和单位的合作，可以实现资源的共享和优化配置，避免资源浪费，提高资源利用效率。

总之，为了实现有效的资源协调和合作编写教材，各方应建立良好的沟通机制，明确各自的责任和任务，确保合作的顺利进行。同时，还应建立一套有效的监督和评估机制，确保教材编写的质量和进度符合预期目标。

2. 部门的协调

在高校教材的生产和管理过程中，部门间的协调是确保教材工作顺利进行的关键。教材的生产周期涵盖多个阶段，从最初的选题策划、内容编写，到后续的稿件审核、编辑加工，再到出版、印刷、装订，直至最终的发行与分发，每个环节都紧密相连，对整体进度有着直接影响。因此，教材工作的主管部门承担着至关重要的角色，它们需要确保各个环节的工作能够高效、有序地进行。

为了实现这一目标，主管部门必须与参与教材生产的各个部门、单位和个人进行有效沟通，建立起一套协调机制。这包括但不限于定期的进度汇报、问题协商会议、紧急情况的快速响应流程等。通过这些机制，可以及时发现并解决教材生产过程中出现的问题，保证教材按时出版发行，避免对教学计划造成不利影响。

此外，主管部门还应鼓励和促进跨部门合作，打破信息孤岛，实现资源共享。通过建立跨部门协作平台，可以提高工作效率，减少重复劳动；激发创新思维，促进教材内容和形式的创新。通过这些措施，可以形成一个团结协作、高效运转的教材生产体系,为高校教学活动提供坚实的教材保障。

3. 信息的协调

在高校教材工作中,信息协调的重要性不容忽视。信息协调不仅仅是简单的信息传递,它涉及在整个教材生产周期内,确保所有相关方能够及时、准确地获取和共享关键信息。这种协调包括但不限于教材的编审进度、出版安排、发行计划以及使用反馈等多个方面。

有效的信息协调能够确保教材编写者、审核专家、出版社、印刷厂以及最终的教师和学生之间的沟通畅通无阻。例如,当教材编写者完成初稿后,及时的信息传递可以加快审稿过程,而审稿意见的快速反馈又能促进教材内容的完善。同样,出版社对教材发行计划的及时更新,能够帮助印刷部门合理安排生产,确保教材能够按时供应。此外,信息协调还有助于提高问题解决的效率。在教材的生产过程中,可能会出现各种预料之外的情况,如内容的紧急修改、印刷材料的临时更换等。这时,及时的信息交流可以减少误解和延误,加快决策过程,从而有效控制教材生产的整体进度。

为了实现信息协调,高校教材管理部门可以采取多种措施。例如,建立一个集中的信息管理系统,用于追踪教材生产各环节的状态;定期举行协调会议,让各相关部门和单位共同讨论进度和解决问题;以及培养员工的信息意识,鼓励他们在日常工作中主动沟通和分享信息。

4. 人际关系的协调

管理是一项协调和组织人、物和信息以实现特定目标的过程,其主要功能包括控制和组织,通过这两个方面确保任务的顺利完成。在管理工作中,协调关系尤为重要,它使各种关系变得有序、组织化和规范化,从而形成一个优化的系统结构,提高效率和效果。在教材编著领域，编著者扮演着主导角色，需要与读者、审稿人和编辑等各方保持良好的沟通和合作，以确保教材的质量和生产进度。这种有效的人际关系和协调合作对于教材的顺利完成至关重要。

（1）读者作为社会对教材的代表，其需求和教学需求是编写教材的依据。编著者必须树立为读者服务的理念，意识到读者代表社会向他们提供信息和支持。社会提供了编著所需的环境、条件和素材。编著者与读者之间的关系是相互依存的，密切联系是确保教材能够有效服务于教学和社会需求的关键。

（2）编著者与审稿人在教材创作中扮演着不同但密切相关的角色。编著者是教材的设计者和劳动者，审稿人则是对教材进行严格把关和检验的专家。这种合作关系对于确保教材的质量至关重要。审稿人不仅需要认真审查教材，还应该积极指导、热情帮助编著者。编著者应当虚心接受审稿人的意见，并根据其建议进行认真修改。在出现不同意见时，双方应先进行充分协商，相互理解、尊重对方的立场。如有必要，可以通过教材主管部门进行统一协调，以达成共识。这种基于合作和理解的关系有助于保证教材质量的提升。

（3）编著者与编辑的关系。编著者是教材的基本生产者，他们的创作劳动为编辑工作提供了基础。而编辑的工作则是对编著者成果的进一步加工和完善，两者的工作密切相关且相辅相成。在教材制作过程中，编辑扮演着至关重要的角色，他们不仅指导编著者的编写活动，还对编写过程进行全程跟踪。编辑时刻关注编著者的写作进度和遇到的困难，及时提供帮助和建议。尊重编著者的劳动成果是编辑工作的基本原则，他们会尽力保留和加强编著者独特的写作风格和特点。针对编著者成果中的不足之处，编辑会实事求是地进行修改和补充，以提高教材的整体质量和可读性。编著者也应充分尊重和理解编辑的辛勤工作。在编辑的指导下，编著者需要认真对待每一个创作环节，从内容编写到稿件修改，都必须以出版要求为标准，确保最终教材的高质量。这种编辑与编著者之间的合作与相互尊重，最终将推动教材制作的顺利进行，并确保其内容的权威性和可读性。编著者与编辑之间的良好沟通和合作，有助于提高教材的整体质量，使其更好地服务于教学和学习。

（4）编著者之间的关系。在教材编著活动中，维护主编与其他编著者之间的和谐关系至关重要。应当倡导一种既民主又集中的工作氛围，其中主编通过身体力行、广泛听取意见，并在讨论中寻求共识，以实现思想上的一致性和行动上的统一性。在这一过程中，主编应避免两种不良倾向：一是过分放任，即主编在明知内容不符合编写要求的情况下，未能提出指导意见，未能履行其应有的职责；二是过度专断，即对于存在争议的问题，主编不经过充分讨论便独自做出决定，从而忽视了其他编著者的意见。这两种倾向都会影响编写工作的质量和团队合作的效果。

为了建立一个高效和有凝聚力的写作团队，各编著者之间应互相学习、互相支持，充分发挥各自的优势，互补不足，共同提升。通过这样的合作，可以确保教材编著工作的质量和效率，同时促进团队成员的个人成长和团队整体的发展。

（四）优化性原则

优化高校教材工作是提高教学质量和培养创新人才的关键因素之一。为了实现这一目标，必须遵循一系列优化性原则，这些原则能够确保教材内容的科学性、先进性和适用性，同时促进学生的全面发展和终身学习能力的培养。

第一，科学性与先进性相结合。高校教材应当基于最新的学科发展动态和科研成果进行编写和更新，这意味着教材内容不仅要准确无误，还要反映当前学科的最新理论和实践。为此，教材编撰者需要不断跟踪学科前沿，及时吸纳新知识、新概念和新方法。教材的结构和编排应有助于学生建立系统的知识体系，促进批判性和创造性思维的培养。例如，引入案例研究、问题导向学习等教学方法，可以激发学生的学习兴趣和研究热情。通过这种方式，教材不仅传授知识，更培养学生独立思考和解决实际问题的能力。

第二，反映教育理念与教学目标。教材内容和结构应当与高校的教育理念和教学目标紧密结合，这要求教材编写者深入理解学校的教育宗旨和培养目标，并在此基础上设计教材的内容和形式。例如，对于旨在培养创新能力的高校，其教材应当包含大量的探索性学习任务和实验活动，鼓励学生在学习过程中主动探索和实践。教材还应当考虑到不同学科之间的内在联系，推动跨学科的综合学习。这样，学生能够通过教材的学习，不仅掌握专业知识，还能够培养跨学科的思维能力和协作能力。

第三，注重学生需求与体验。优化教材工作还需要考虑学生的学习需求和体验。这意味着教材应当从学生的角度出发，关注他们的认知特点、学习习惯和兴趣点。为此，教材的难易程度应当适中，既能够挑战高水平学生的学习潜能，又不至于让基础薄弱的学生感到挫败。同时，教材应当包含丰富的互动元素和辅助资源，如在线学习平台、虚拟实验室和多媒体材料等，以增强学习的互动性和趣味性。教材的版式设计和视觉效果也不容忽视，应当清晰、美观且易于阅读，以提高学生的学习效率和舒适度。

（五）计划性原则

教材建设是一项长期且连续的艰巨任务，并非短期行为能够完成。这项工作需要牢固树立全局性和计划性的观点，因为各个环节的工作彼此联系，前后连续，必须从整体上进行把握。具体来说，教材管理必须具备预测性和目标性，内容安排需要相互联系，工作步骤应有条理，并在此基础上形成一个科学合理的指导性方案。从全局到局部，各个方面、各个层次的工作都需要有详细的计划和安排，使各项计划和打算能够形成一个互相联系、互相补充、环环相扣的工作系列。特别是在高校教材工作中，计划性尤为重要。高校教材建设不仅要考虑整体规划，还要注重细节的实施和调整，确保每一步都在计划的指导下进行，以保证教材建设的高质量和有效性。只能在高校中实现教材建设的长期目标，确保教材内容的连续性和科学性。需要注意以下方面：

1. 建立多层次的教材建设体系

（1）通过多渠道解决教材来源问题是确保教育系统满足各种层次和需求的关键策略。应从国内外教材市场中精选一批优秀教材。这一渠道的主要目标是满足通用性较强的教学需求。通过挑选现有的高质量教材，可以有效减少资源的重复投入和浪费，提升整体教学质量。基层单位或院校应被鼓励自主组织编著教材。这一举措允许各单位根据自身实际情况编写教材，开发出符合本地特色和具体需求的教材。这种自主编著的方式不仅能提高教学的针对性和适用性，还能激发基层教育工作者的创造性和积极性，形成丰富多样的教材资源。针对特定行业或系统的教材，应该由相关行业或系统进行统一规划和组织编写出版。这类教材需要显著反映行业或系统的特色，以满足该行业或系统在不同教育层次上的特定需求。通过专业化的规划和编著，能够确保教材内容的专业性和权威性，服务于行业或系统的长远发展。在实施上述多渠道策略的过程中，必须确保全局的统筹兼顾和协调一致。各渠道应有明确的侧重点，并在总体规划下相互配合，形成一个有机统一的教材来源体系。通过这种方式，可以最大限度地发挥各个渠道的优势，确保各级教育对教材种类和数量的广泛需求得到有效满足，从而推动教育事业的整体进步。

应遵循以下原则：公共基础课程教材主要通过精选获得，编著作为辅助；技术基础或专业基础课程教材结合精选与编著两种方式；专业课程和选修课程教材则以编著为主，精选作为补充。通过这样的策略，可以确保教材的多样性和适用性，同时充分发挥各个渠道的优势，提高教材建设的效率和质量。

（2）通过三个层次进行教材建设。教材建设是一项系统性工程，它需要根据不同教材的特点和发展阶段，采取分层次的建设。

第一层次，在这一阶段，教材主要针对与本单位或院校专业紧密结合的内容。这些教材往往处于初级发展阶段，因此需要由本单位或院校自行组织编写，通常以讲义形式存在。这样做的目的是确保教材内容与教学需求紧密对接，同时为编写者提供积累经验的机会。在这个阶段，通过内部编写和使用，可以逐步完善教材内容，确保其在实际教学中发挥最大效用，并为未来的进一步发展打下坚实基础。

第二层次，当教材经过一段时间的实践检验，证明其适应面较宽、质量较高且具备一定交流价值时，可以将其提升为交流讲义或试用教材。此阶段的目标是通过在更广泛的范围内进行交流与使用，不仅可以扩大教材的影响力，还能提高编写回报效益。这一过程中，来自不同使用者的反馈将有助于进一步改进和提升教材质量，确保其更好地满足广泛的教学需求。通过这种交流与试用，教材的编写者可以获得宝贵的经验和建议，为最终形成高质量的教材打下基础。

第三层次，对于那些质量上乘、通用性强且经过广泛交流和使用得到认可的教材，应由上级教育或专业系统统一组织规划，并将其列为系统内的通用教材。在这一层次，通过统一组织和规划，可以提高教材的使用效益，同时减少不同单位间的重复劳动和资源浪费。系统内通用教材的推广，不仅能确保教学质量的一致性，还能为教育系统整体的资源配置和管理带来显著效益。通过这种方式，高质量教材的价值将得到最大化利用，进一步推动教育水平的提升。

从质量角度来看，这三个层次的教材呈现出递增的优化趋势，但它们之间又是相互依存、相互促进的关系。通过这三个层次的教材建设，可以更有效地激发各方面的积极性，整合有利因素，推动教材的高产、快速产出及高质量产出。此外，这种层次分明的教材建设策略还能显著增强教材的适应性和针对性，更好地满足不同教学需求，提升教学效果。

（3）教材内容的层次性。教材内容的层次性是指导教材内容在深度和广度上应与教育的培训层次及人才培养目标相匹配。不同教育层次，如本科与研究生教育，其教材在内容的深浅和范围宽窄上自然应当有所区分。例如，本科教材可能会更侧重于为学生提供扎实的基础知识和必要的专业技能，而研究生教材则可能更加深入，强调理论的前沿性、研究的深度和学术的创新性。在此基础上，教育者应制订出具有高度针对性和适应性的教学计划及课程教学大纲，这要求教育者不仅要对学科领域有深刻的理解，还要对教育目标和学生需求有准确的把握。

2. 电教教材与文字教材有机配合

现代教学注重通过多样化的教学手段来促进学生的主动学习，利用现代化教学工具来增强学生的学习兴趣和求知欲，使学生能够在一个更加生动、活泼且自主的环境中进行。

文字教材主要以文字为载体，其信息传递相对单调，信息量有限。尽管文字教材在教育中起着重要的作用，但其局限性在于信息呈现的单一性和直观性的缺乏。这种教材主要依赖学生的阅读和理解能力，难以在短时间内传递大量复杂的信息。

电教教材通过视觉和听觉的媒介，如声音和影像来传递知识。这种多感官的刺激使得电教教材的信息量大大增加，同时内容呈现得更加生动、直观和形象。通过视频、音频和动画等多媒体元素，学生能够更容易地理解和记忆所学内容，从而提高学习效率。电化教育作为一种现代教学手段，代表了一种先进的教学方法。它利用多种教学媒体，如计算机、投影仪、电子白板和网络资源，以创新的方式向学生传授知识。这种方式不仅能丰富课堂内容，还能培养学生的能力，提升其综合素质。电化教育强调通过多种媒体的结合，使教学过程更加生动和互动，从而更好地激发学生的学习兴趣和主动性。电化教育的实施不仅仅是增加教学工具的使用或改进教学内容和方法，还通过现代教育媒体的合理结合来传递教育信息，以期达到教育过程的最优化。这种优化不仅提升了教学质量和效率，还能扩大教学规模，推动教育的发展。通过现代技术，教师能够更加精准地传递知识点，学生也能通过丰富的资源进行自主学习。电教教材的建设是教材建设中不可或缺的一部分。它不仅补充了文字教材的不足，还应与文字教材协调发展，配合使用，以更好地适应和满足现代教学的需求与发展。

只有将电教教材和文字教材有机结合，才能充分发挥各自的优势，创造出更加丰富、有效且符合学生需求的教学环境。通过这种结合，教育工作者可以在教学过程中运用多种手段，使学生在不同的学习阶段和场景中都能获得最佳的学习体验，从而达到理想的教学效果。主要应注意以下方面：

（1）在现代教育体系中，电教教材与文字教材的配合显得尤为重要。电教教材的选题计划应与文字教材同步制订和出版，确保两者在时间上协调一致。为实现这一目标，教育工作者在确定文字教材选题时，需要深入分析和论证哪些内容适合用电教形式表现，并选择最合适的电教形式。这一过程不仅有助于明确编著什么样的文字教材，还能有效解决编制何种电教教材的问题。通过这样的安排,文字教材与电教教材能够同时出版发行、同时投入教学使用。这种同步性不仅提升了教学资源的整合效果,还能更好地发挥电教教材的使用效益,使学生在学习过程中获得更加全面和多样化的资源支持。这种协调配合的做法,不仅优化了教学资源的配置,还促进了教学质量的提升,为教育工作注入了新的活力和效率。电教教材与文字教材的配合是现代教育发展的必然趋势。通过同步制订选题计划和出版时间,两者可以在教学实践中相互补充,形成合力,从而更好地服务于教育目标的实现。

（2）电教教材的内容设计需要与文字教材相辅相成,基于明确的教学目标和学生的接受能力进行。电教教材应充分利用其独特的优势,弥补文字教材的不足,特别是在表达教学重点和难点方面。例如,对于那些通过文字或传统课堂难以充分讲解的内容,电视教学片可以通过动画、实物展示等直观、生动的方式加以呈现,从而加深学生对这些内容的理解和记忆。电教教材在扩展学生知识面和视野方面也具有独特优势。通过多媒体形式,如电影、电视等,电教教材能够突破时间和空间的限制,在较短时间内向学生传递大量信息。这种形式特别适合展示历史事件、地理环境、科技发展等内容,为学生提供一个更加广阔的学习视野,帮助他们在短时间内掌握更多知识。电教教材的内容设计需要紧密配合文字教材,充分利用电教媒介的优势,确保教学内容的呈现更加直观和生动,从而提高教学效果。这种设计理念不仅提升了学生的学习体验,还为教育创新提供了新的思路。

（3）在电化教育中,媒体的选择至关重要。电教媒体由硬件和软件两个互相关联的因素构成。硬件方面,包括投影机、放像机、放音机、多媒体计算机等用于传授教学信息的设备;软件方面,包括各种教学片、带,如幻灯片、声像磁带、CAI课件和光盘等载有教学内容的媒体。不同的电教媒体具有不同的功能:光学媒体是眼的延伸,音响媒体是耳的延伸，声像媒体是眼和耳的综合延伸，而电脑则是人们大脑的延伸。电教媒体的这种延伸功能，使其能够更有效地传递教学信息，提升教学效果。根据电化教育媒体的功能特点和教学内容的要求，选择适当的电教教材是优化教学过程的重要环节。充分发挥各类电教媒体的独特优势，使其与传统教育媒体有机结合，能够实现教学资源的最佳配置，提升教学质量。这种优化的媒体选择，不仅能够更好地服务于教学目标的实现，还能够有效提高学生的学习效果。电教教材媒体的选择应根据教学内容和媒体功能的特点，进行科学合理的配置，确保电教媒体与传统媒体相辅相成，优化教学过程，提高整体教学效果。

3. 制订教材工作的各类计划

制订教材工作的各类计划至关重要，因为教材建设是一项长期、连续的任务，它要求教育者以全局性和计划性的观点来看待。计划性观点是关键。这意味着教材管理需要有预测性、目标性，以及有条理的内容安排和步骤。只有如此，才能形成科学合理的指导性方案。计划必须涵盖各个层次和环节。无论是从全局到局部，还是各个工作环节，都需要有详细的计划和安排。这些计划应当相互联系、相互补充，形成一个完整的工作系列。关于计划的类型，有几个关键要点：时间，计划必须综合长期和短期考量；范围，需要考虑到上下游、左右方向的因素；内容，计划不仅仅涉及选题，还包括编审、出版、发行以及供应保障等方面；环节，除了制订计划外，还要重视计划的落实、执行、检查和分析。这些计划必须基于正确的思想指导和实际情况，具有可行性和可操作性。从分类角度看，这些计划大致可以分为教材生产计划和教材供应保障计划两大类。制订教材工作的各类计划是一项重要的、复杂的任务，需要全面考虑各个方面，以确保教材工作的高质量完成。

第一章　高校教材及其数字化管理的需求◎

（1）选题计划被视为教材工作的基石，分为长期计划和短期计划。长期计划通常涵盖三到五年，而短期计划则为一至两年。这两种计划的配合执行，使得教材建设工作能够逐年推进。在选题计划中，必须明确建设的指导思想、目标任务、教材的具体名称、使用对象、使用课程以及字数等关键要素。这些明确的指导原则和规划，为后续的工作提供了清晰的方向。编审出版计划是在选题计划的基础上制订的，其目的是全面安排教材生产的各个环节。这一计划的制订需要明确主编、主审、出版单位以及各道工序的完成时间等关键信息，以确保教材生产过程的可行性和监控性。选题计划和编审出版计划可以同时制订，也可以在选题计划确定后分期制订编审出版的实施计划。这种分步骤的规划和执行方式，有助于更好地管理教材生产过程，提高工作效率。教材生产计划是教材工作不可或缺的一部分，其选题与编审、出版计划的制订需要明确目标、合理安排时间、精细管理各个环节，以确保教材的质量和效率。

（2）教材的供应保障计划，直接关系到教学活动的顺利进行和教学质量的保障。这一计划涉及教材的流通和分发过程，确保教材能够及时、准确地送达需要的地方。具体而言，教材的供应计划包括教材的使用发放计划和征订采购计划。使用发放计划涉及教材的分发时间和对象，而征订采购计划则关乎教材的订购数量和时间安排。

教材的供应保障不仅仅是简单的"卖书买书"，它包含了多个层面的管理工作。首先，计划层面，供应保障计划需要与教学计划相适应，确保教材的编印、订购与使用发放计划在时间上的匹配，以实现课前到书的要求，保障教学计划的顺利实施。其次，财务层面，供应保障计划需要考虑预算分配、成本控制以及资金流动等因素，以确保教材供应的经济效率和财务合规性。再次，教学层面，供应保障计划要满足教学需求，支持教师的教学活动和学生的学习需求。最后，人事层面，供应保障计划还涉及人员的配置、培训和管理，确保有专业的团队来执行和管理教材的供应工作。

教材供应保障的计划性体现在整个供应链的每个环节都有明确的时间表和任务分配，从教材的编写、审核、印刷到最终的分发和使用，每一步骤都需要精心安排和协调。科学性则体现在对教材需求的准确预测、库存管理、物流调度等方面，通过科学的方法和工具来实现高效的供应保障。时间性则要求教材的供应保障工作必须严格遵守时间节点，确保教材能够在关键的教学阶段之前到达，不影响教学进度。

（六）动力人本的原则

在管理系统中，动力人本原则的重要性不言而喻。这一原则明确指出，管理系统的动力并非来自物质，而是源自人的活力和意愿。教材管理作为一种管理系统，同样需要遵循这一原则。教材管理的核心在于激发人的积极性、主动性和创造性。通过正确引导和激励，管理者可以调动教师、学生以及其他相关人员的工作热情，从而提高教材管理的效率和质量。人既是教材管理的执行者，也是其对象。因此，教材管理需要正确管理人、财、物、信息和时间。只有当这些要素得到有效管理并被合理配置，教材管理才能够顺利进行。这也是坚持人是根本动力的人本原则的体现。管理者必须意识到，只有充分调动和利用人的积极性，才能最大限度地推动教材管理的发展，实现教育事业的长远目标。教材管理的关键在于不断强调和践行人本原则，以人为核心，充分尊重和发挥每个个体的潜能。只有这样，教材管理才能够更好地适应时代发展的需求，为教育事业的蓬勃发展提供有力支撑。

1. 最大限度调动积极性

（1）调动积极性的表现。在高校教材管理工作中，对人的管理是一个核心环节，它不仅意味着对人的约束和控制，而更应注重对人的积极引导和潜能发挥。在集体和组织的环境中，必要的纪律和规章对于维护正常活动秩序固然重要，但这些只是管理的基本要求。更为关键的是，管理者应当通过积极的方法激发团队成员的内在动力，从而提升整体工作效率和教材质量。成员的积极性主要表现在以下关键方面：

第一，主动性。成员应以主人翁的精神面对工作和学习，积极寻求并承担任务，展现出对工作的热情和责任感。

第二，协调性。在团队工作中，协调性是至关重要的。团队成员需要相互学习、相互支持，以及有效处理人际关系，以促进团队合作的顺利进行。这意味着他们需要愿意配合他人，展现灵活性和包容性，以确保团队的整体效率和和谐。

第三，有效性。成员应本着求真务实的态度，全力以赴推动任务完成，确保按照既定时间和标准，高质量地实现工作目标。

第四，创造性，是团队成员需要具备的重要素质。他们应该怀有进取心和改革意识，以创新的思维指导工作和学习。这意味着他们要勇于探索新规律，不断提出新的见解和解决问题的方法，从而为团队带来新的灵感和发展方向。

要做好教材工作，需要各方的共同努力。这包括管理人员、编著者、审稿者、出版发行工作者等多方面的合作。领导层应该以服务者的身份，以身作则，带领团队朝着既定目标前进；充分调动各类人员的积极性，激发工作热情和创造力，确保教材建设中采取的政策和措施都能够有效地激发人员的潜力和创造力。通过这种方式，教材管理工作可以形成一个积极向上、高效协作的工作环境，从而提升教材的编写、审定、出版和发行等各个环节的工作质量和效率，这不仅有助于提高教材的学术水平和实用性，也能够促进高校教学质量的整体提升。

（2）调动积极性的方法。在调动积极性的方法中，物质动力与精神动力是两个关键方面。

第一，在高校教材管理中，物质激励扮演着至关重要的角色。合理的物质激励不仅能有效地调动团队成员的工作热情和创造力，而且是教材管理工作中不可或缺的动力源之一。明确的稿酬标准、公正的分配方法以及其他物质激励措施，如对优秀教材及表现突出者的奖励，以及对工作量的合理计算等，都是构成物质激励的重要组成部分。这些措施不仅能明确认可个人劳动成果，更重要的是，它们能够激励团队成员积极地投身于教材编写、审核和管理工作。通过提供必要的物质保障和时间保障，确保工作的顺利进行，进一步巩固了物质激励的作用。这些举措的实施显著提升了教材编写者的积极性，从而促进了高质量教材的产出。物质动力在调动积极性中发挥着至关重要的作用，其合理运用不仅能够满足个体的需求，还能够推动整个团队朝着共同的目标前进。合理的物质激励机制能够有效地调动人员的工作热情和创造力。物质激励是教材管理中不可或缺的动力源。合理的物质回报不仅是对个人劳动成果的认可，也是激励团队成员积极投身教材编写、审核和管理工作的重要手段。当这些基本条件得到满足时，团队成员将感受到管理层的重视和工作的重要性，从而增强其责任感和归属感。反之，如果这些基本条件无法得到保障，可能会对团队成员的积极性造成负面影响。

因此，高校教材管理部门应当建立科学合理的物质激励机制，确保教材管理工作所需的基本条件得到充分满足。通过这些措施，可以有效激发教材管理团队的工作热情，提高教材编写和管理工作的质量和效率，为高校教学活动的顺利进行提供坚实的支持。

第二，精神动力。精神动力在人的行为驱动中占据着不可或缺的地位，它源于个体内心的渴望和外界环境的影响。具体而言，精神动力可以分为三个主要方面：①内在动力。这种动力源自个体对世界观、人生观、价值观的深刻理解和认同，以及对自身角色和责任的积极承担。这种内在的驱动力是激发个体积极性的根本因素。②外在压力。这是外部环境施加于个体的力量，迫使个体采取行动，这可能包括奖励和惩罚、评选优秀个体、选拔人才等措施，它们是推动个体前进的外部机制。③外在吸引力。外在吸引力是指那些源自外部环境的力量，如个人的事业目标、获得精神上的荣誉感、社会的认可以及在学术界获得声誉等。这些因素具有激发个体兴趣和热情的作用，使他们愿意投入更多的精力和时间来追求或实现这些目标。外在吸引力在激发个人的动力和积极性方面起着重要作用，因为它们代表着一种外在的奖励或认可，能够满足个体的自尊心和成就感，从而驱使他们朝着更高的目标努力。这些因素能够吸引个体投入更多的精力和热情。

对于从事教材管理的工作者而言通过有效地激发和管理精神动力，可以极大地提升教材管理工作的质量和效率，进而促进教育事业的发展。

2. 重视编著者教材建设价值

教材建设是一个需要全体成员参与的团队工作，而在这个团队中，编著者扮演着至关重要的角色，是教材建设过程中的主要依靠和推动力量。从教材的精神生产到物质生产，编著者都承担着关键任务。在精神生产阶段，编著者是写作活动的主体，他们具有写作的主体意识，根据教学要求进行教材编著活动，在内容和方式上发挥着创造性和主动性，起到主导和核心作用。而在物质生产过程中，编著者则是起点，他们提供了书稿，是整个流程的开端。为了充分发挥编著者在教材建设中的作用，必须正确认识他们的劳动特点。编著者的劳动是个体的脑力劳动。编写教材是一种需要高度集中精神和脑力投入的工作，从调研、搜集资料到具体的写作、修改、定稿，几乎都是个体性的劳动。

由于教材的内容和难度不同，编写的工作量也各不相同，而个人的理论水平、教学经验、文字表达能力以及责任心等因素都直接影响着教材编写的进度和质量。编著者的劳动具有显著的创造性特征。在高校教材管理工作中，编著者需要进行复杂的思维活动。教材作为一种精神产品，编写过程涉及对现有知识的抽象、概括，更需要编著者在客观实践和前人经验的基础上，通过个人或群体的感知、想象、分析、综合、判断和推理等思维过程，对教材内容进行创造性和系统性的加工，实现知识的再创造。编著者的劳动不仅仅是机械性的重复，更是需要不断创新和思考的过程。编著者在教材建设中承担着不可或缺的角色，他们的劳动特点决定了教材的质量和水平。要充分发挥他们的作用，就需要充分认识并尊重他们的个体性和创造性劳动，为其提供良好的工作环境和政策支持，以促进教材建设的不断完善和提高。

教材的编著工作并非仅是简单的复制和粘贴过程，事实上，教材在学科系统性和内容完备性方面，应当被视为一部完整的科学作品。编著者在内容选择上需根据教学要求对教材内容进行精心挑选和精练，并随着科学技术的发展不断更新教材内容，以维持其前沿性和时代感。在构建教材结构体系时，编写者需综合考虑知识的内在联系、教学规律以及学生的认知特点。这样才能确保教材具有严密的逻辑性和合理的结构，使学习过程更为有效。教材的编写目的不仅在于传授知识，更重要的是培养学生的问题解决能力，进一步拓展他们的智力。因此，教材编写是一项高度创造性的工作，需要编写者不断地进行思考和创新。编著者的劳动特点应当成为制定相关政策和措施的基础，以确保教材能够真正满足教学需求，促进学生能力的全面发展。只有如此，教材才能在教学实践中发挥出最大的作用，引导学生全面成长。

高校教材管理部门在制定教材编写、审核和出版的政策时，应充分认识到编著者劳动的创造性特征，提供必要的支持和激励，创造有利于创新的环境和条件。这包括但不限于提供充足的时间和资源、鼓励跨学科合作、建立公正的评价和激励机制等。通过这些措施,可以激发编著者的创造潜能,促进高质量教材的产出,为高校教学活动提供坚实的知识支撑。

编著教材是一项需要耗费大量时间和精力的复杂任务。从确定教材体系、选择内容到细微的文字、图表、数据的润色,每一个步骤都需要经过反复地思考和修改,才能确保最终的质量。这个过程不仅需要智慧和创造力,还需要耐心和毅力。教材的编写并非一蹴而就,而是一个长周期的劳动。

教材的形成是一个渐进的过程,从最初的草稿到最终成熟的版本,需要经历多次修改和完善。在这个过程中,编写者不断地进行实践、反思和修改,以不断提高教材的质量和适用性。这种持续的研究和完善是教材能够与时俱进、满足教学需求的关键所在。

在教材的形成过程中,教材管理者扮演着至关重要的角色。他们需要不断监督和指导编写者,确保教材的质量和准确性。同时,他们也需要关注教材的更新和改进,以适应不断变化的教学环境和需求。只有通过管理者的努力,教材的质量才能得到有效的保障。

为了激励教材编写者的积极性和创造性,必须建立完善的激励机制。这包括物质和精神两方面的支持。根据教材的难度、长度和质量,给予编写者合理的报酬,以体现他们的劳动成果。将教材编写视为一项教学与科研成果,作为评定技术职称和晋级的重要依据,以激发编写者的工作热情。制定合理的稿酬标准和分配制度,能够更好地鼓励广大教工人员参与教材编写工作。定期评估和评优教材,给予优秀教材适当的精神鼓励和物质奖励,可以促进教材的不断优化和提高。

只有建立起完善的激励机制,并通过持续的研究和完善,才能确保教材的质量和适用性得到有效提升。这不仅需要编写者和管理者的共同努力，还需要各级领导和有关部门的支持和配合。只有这样，才能推动教材建设工作不断取得新的成就，为人才培养提供更加优质的教学资源。

第三节 高校教材数字化管理的需求分析

"教材管理数字化，即利用计算机和网络进行信息采集、发布、处理、传送、存储、统计分析等，不仅减轻了劳动强度，而且可以有效地提高工作效率，从而实现教材管理决策的科学化和管理过程的精细化，进而保证管理质量。"①

一、构建完善的数字化高校教材管理体系

适应教育信息化发展趋势、提升教材管理质量和效率的关键措施。以下是构建这一体系所需考虑的方面。

（一）确立统一的数字化管理标准规范

确立统一的数字化管理标准和规范是构建高校教材数字化管理体系的首要步骤，这一步骤的实施，对于确保教材资源的互操作性、可交换性和长期可持续性至关重要。统一的标准规范能够为教材的数字化转换、存储、检索、共享和使用提供一致的框架和规则，从而提高教材管理的效率和效果。

---

① 王海峰，陈浩. 民办高校教材管理数字化思考 [J]. 牡丹江教育学院学报，2012（6）：103.

第一章　高校教材及其数字化管理的需求◎

在确立数字化管理标准时，应充分考虑教材内容的多样性和复杂性，以及不同学科、不同类型教材的特殊需求。标准应包括教材的文件格式、编码方式、结构化元数据、图像和视频质量要求等，确保教材的数字化版本能够准确、完整地呈现教材的原貌。元数据标准的建立对于教材资源的检索和发现具有重要意义，应包括教材的标题、作者、出版信息、学科分类、适用年级等关键信息。

存储和交换协议的制定则关系到教材资源的长期保存和广泛传播。协议应确保教材资源在不同的系统和平台之间能够无缝交换和共享，同时保障数据的完整性和安全性；还应考虑教材资源的版权保护和使用授权问题，制定相应的版权管理规定和授权协议，保障教材作者和出版者的合法权益。

为了推动数字化标准的实施，高校应制定相应的政策和措施，鼓励和支持教材的数字化转换工作。这包括提供必要的技术支持和培训，帮助教师和教材编写者掌握数字化工具和方法；建立数字化教材的评审和认证机制，确保数字化教材的质量；探索数字化教材的商业模式和盈利机制，激发市场和社会力量参与数字化教材的建设和推广。高校还应积极参与国内外数字化标准的制定和交流，与教育行政部门、行业协会、出版社、技术公司等建立合作机制，共同推动数字化标准的制定和实施。通过多方的共同努力，可以加速教材数字化进程，促进教材资源的共建共享，为高校教学和科研工作提供更加丰富、便捷、高效的教材资源支持。

（二）建立集中的教材数字化管理平台

平台应具备教材资源的存储、检索、共享和发布等功能，同时提供用户管理、权限控制和使用统计等管理功能。平台的建设和维护应遵循安全性、稳定性和可扩展性的原则，确保教材数据的安全和系统的长期稳定运行。

为了实现这一目标，需要采取一系列措施：首先，应该建立一个统一的标准和规范，以确保教材资源的质量和一致性；其次，应该加强技术支持和培训，以提高教师和学生的数字化素养和能力；最后，应该加强与出版社和其他教育机构的合作，共同推动教材数字化管理的发展。

（三）培养数字化教材管理和应用能力

在构建完善的数字化高校教材管理体系的过程中，培养数字化教材管理和应用能力显得尤为关键，这不仅涉及教材管理的效率和质量，也关系到教学和学习方式的创新。高校需要采取多种措施，全面提升师生的数字化能力。

第一，高校应将数字化素养教育纳入教师专业发展和学生素质教育的范畴。通过定期的培训和工作坊，介绍最新的数字化教材管理工具、技术平台和应用方法，帮助师生掌握数字化教材的检索、评估、整合和创新应用等关键技能。高校还可以开设相关的在线课程或讲座，提供自学材料和在线指导，鼓励师生利用课余时间进行学习和提升。

第二，高校应鼓励师生参与到数字化教材的实践工作中，如教材的数字化转换、内容更新、教学设计等，以实际操作提升他们的应用能力。通过参与项目，师生不仅能够获得宝贵的实践经验，还能够深入理解数字化教材的特点和优势，从而更好地在教学和学习中发挥作用。

第三，高校还可以建立激励机制，如数字化教材创新大赛、优秀数字化教材评选等，激发师生的创新热情和参与意识。通过竞赛和评选，可以发现和推广优秀的数字化教材和教学案例，推动数字化教材的创新应用。

第四，高校应加强与企业的合作，引入先进的数字化技术和管理经验，提升数字化教材管理的专业化水平。通过校企合作，可以为师生提供更多的实践机会和学习资源，同时也能够促进数字化教材管理的创新发展。

（四）加强数字化教材管理的研究和创新

在构建完善的数字化高校教材管理体系中，加强研究和创新是提升管理水平的关键策略。高校作为人才培养和知识创新的重要基地，应当在数字化教材管理领域发挥引领作用。以下是对加强数字化教材管理研究和创新的两个方面的深入探讨：

第一，理论研究与技术创新。高校需要加强数字化教材管理的理论研究。通过设立研究项目，鼓励教师和科研人员深入探索数字化教材管理的内在规律、模式创新以及与教学方法的整合途径。理论研究应关注数字化教材的标准化建设、版权保护、质量评估以及用户行为分析等方面，形成系统的管理理论体系。高校应注重技术创新，利用人工智能、大数据分析、云计算等前沿技术，开发智能化的教材管理平台，提高教材管理的自动化和智能化水平。

第二，国际视野与本土实践。高校在数字化教材管理的研究和创新中，应具有国际视野，积极学习和引进国际上先进的管理理念和技术。通过国际合作项目、学术交流和访问学者等方式，促进国内外研究者的交流与合作，共同推动数字化教材管理的理论和实践发展。高校还应结合本土的教育环境和文化特点，探索适应本校乃至本国教育需求的数字化教材管理模式，实现国际化与本土化的有机结合。

第三，政策支持与激励机制。为了促进数字化教材管理的研究和创新，高校应制定相应的政策支持和激励机制。这包括提供研究资金、建立创新实验室、设立奖励基金以及提供学术交流平台等。通过这些措施，可以激发教师和科研人员的研究热情，吸引更多的人才投身于数字化教材管理的研究和实践中。

二、注重高校教材管理的数字化成本控制

在高校教材管理的数字化转型过程中，成本控制是一个不可忽视的重要方面。实现数字化管理的高效性与经济性，需要教材管理人员采取创新思维和策略，以最小的投入获取最大的效益。

第一，教材管理人员可以通过市场调研，了解当前市场上的数字化产品和服务，对比不同供应商的报价和服务内容，选择性价比最高的解决方案。通过公开招标的方式，不仅可以引入竞争机制，降低采购成本，还可以通过合同谈判，争取到更优质的服务和更合理的价格。

第二，高校可以探索与企业合作的模式，通过校企合作，共同开发数字化教材管理平台。企业可以提供技术支持和资金投入，而高校则提供市场和应用场景，双方共享开发成果，实现互利共赢。这种合作模式可以大大减少高校在技术开发和平台建设上的直接投入。

第三，高校可以利用开源软件和自由软件，降低软件开发的成本。许多开源软件功能强大，性能稳定，且具有很好的可扩展性，完全可以满足教材管理的需要。通过定制化开发和二次开发，可以使这些软件更好地适应高校的实际情况和管理需求。

第四，高校应注重数字化教材管理平台的长期运营和维护成本。通过优化系统设计，提高系统的稳定性和可靠性，可以减少后期的运维成本。通过培训和教育，提高教材管理人员和使用人员的操作技能，可以提高工作效率，减少因操作不当导致的额外成本。

第二章　高校教材管理过程与数字化开发

第一节　高校教材管理的基本思路

一、注重高校教材管理的目标

（一）把握高校教材管理的内容和方法

1. 把握高校教材管理的内容

（1）高校教材工作中"人"的管理。管理工作的核心在于有效地管理人员，在教材工作中，管理对象包括教学管理人员、编审人员、学术咨询人员、出版发行人员和印制人员。这五支队伍肩负着教材编审出版、发行及组织管理的重任。要确保教材工作的成功，关键在于发挥每个人的积极性、主动性和创造性。人员管理是至关重要的一环，其中包括使用人员、建立制度、检查考核、运用激励手段以及对人员的培养提高。通过合理地管理这些方面，可以有效地激发团队成员的潜力，提高工作效率和质量，从而推动教材工作的顺利进行。

第一，通过深入细致的考核，管理者应全面了解每位员工的思想状态、道德品质、专业能力和业务特长。基于对员工全面能力的掌握，结合工作需求和个人条件，合理分配任务并明确工作要求，确保每位员工都能在适合的岗位上发挥最大潜力，实现人才的最优配置。

第二，明确的岗位规范和职责划分能够帮助每位员工清晰地了解自己的工作职责和执行标准。健全的规章制度体系能够促使员工进行自我管理和自我激励，按照既定的流程和标准高效完成工作。

第三，定期的检查与考核是确保工作质量的有效手段，也是评估员工表现的重要途径。这种严格的考核机制不仅能够监督工作任务的执行情况，更能确保任务的全面完成。在教材管理工作中，考核制度应该根据具体的业务需求制定，确保其严谨性和科学性。这包括建立合适的考评指标，覆盖员工的思想觉悟、工作能力、业务水平、工作成绩以及工作态度等方面。通过全方位的考核，可以更全面地了解员工的工作表现和潜力。最终，对员工的表现应做出公正、全面且准确的评价，以便提供有效的反馈和指导，促进员工的持续成长与发展。

第四，采用多元化的激励机制是激发员工工作热情、提升团队凝聚力的重要策略。激励手段的关键点在于其多样性，包括目标、奖惩、支持、创新、竞争和评比激励等多种形式。这些手段的有效运用能够调动员工的积极性和主动性，同时激发他们的创造潜能。随之而来的是管理效益的提升，有效的激励机制能够为组织带来更高的绩效和效率。因此，对于组织而言，建立合理有效的激励体系是至关重要的，它不仅能够促进员工的个人成长，也有助于组织整体的发展。

第五，对人员的培养提高。对员工的培养和提升是实现长期发展的关键。管理者在用人的同时，应重视育人，通过学历教育、岗位培训、自主学习等多样化的培训方式，不断提升员工的思想道德素质和业务能力。这不仅能帮助员工更好地适应岗位需求，也是构建学习型组织、推动持续创新的重要途径。

（2）高校教材工作中"财"的管理。在高校教材工作中，"财"的管理是确保教材质量和供应效率的关键因素，高校教材工作中"财"的管理一般包含以下内容：

第一，经费筹集与管理。高校教材建设的经费来源多样化，包括但不限于上级部门的拨款与补贴、校内专项资金等。这些资金的筹集需要有明确的规划和规范的流程，以确保教材建设的资金需求得到满足。

第二，经费开支与监控。教材建设的经费开支项目繁多，主要包括编审费、印刷出版费、教材购置费、教材研究与评估活动费、奖金等，还有公用教材的领用、外赠教材、运输杂费、废旧教材处理等费用。对于这些开支，高校应建立严格的财务管理和监控机制，确保每一笔经费的使用都合理、透明、高效。

第三，财务管理制度。建立健全的财务管理制度是教材工作顺利进行的保障。这包括审批制度、支付报销验收制度、检查监督制度以及民主理财制度等。这些制度的建立旨在规范财务管理流程，提高资金使用效率，防止浪费和滥用。

第四，专项管理办法。除了通用的财务管理制度外，还需针对教材管理的特点建立专项管理办法。专项管理办法有助于细化财务管理，提高资金使用的针对性和有效性。

第五，财务人员培训与能力提升。高校教材工作中的财务管理人员需要具备专业的财务知识和良好的职业道德。高校应定期对财务人员进行培训，提升其财务管理能力，确保他们能够适应财务管理工作的新要求。

第六，信息化财务管理。随着信息技术的发展，高校教材工作的财务管理也应与时俱进，采用信息化手段提高管理效率。通过财务管理软件,可以实现经费的实时监控、自动预警、快速查询等功能,提高财务管理的透明度和响应速度。

(3)高校教材工作中"物"的管理。教材的质量与管理对于教材建设工作至关重要。

第一,教材管理工作被视为教材建设的基石,若管理不善,则可能导致资源浪费和影响正常教材建设的进行。这一管理工作涵盖了多个方面,包括教材的编审出版、质量管理、预订采购以及供应管理,以及教材的保存和使用等环节。

第二,基础设施和设备的管理也对教材建设至关重要。教材建设所需的基础设施包括印刷基地、图书储存与阅览基地、电教教材制作与使用基地,以及教材保管与发放基地等。这些基础设施的良好运作直接影响着教材建设的效率和成效。因此,必须加强对这些基地的科学管理,确保其设施完备、运作顺畅。

(4)在高校教材管理工作中,时间被视为一项特殊而宝贵的资源。其影响不仅仅停留在时间本身的消耗,更关乎教材管理工作的整体效率与成果。因此,教材管理者应该以科学的态度来管理时间,以确保工作的顺利进行和最终目标的实现。

第一,管理者需要树立起科学的时间观念。这包括了将时间纳入管理范畴,建立起对时间的敏感性和规划能力。只有紧密把握时间,才能更好地安排教材生产的各项环节。从选题计划到印刷出版,每个环节都需要在时间上有所安排和考量。这意味着制定详尽的工作时间表,确保每一个步骤都在预定的时间内完成,并且对整个生产过程进行全面的监督和协调。

第二,教材管理者需要以科学的方法来安排时间。这意味着不仅要考虑到单个环节的时间安排,还要注重各环节之间的协调与衔接。只有当整个生产流程被科学地规划和执行,才能确保教材管理工作的高效和有序。因此，制定时间管理策略应当成为教材管理的重要一环，而执行这些策略则需要教材管理者对时间的精准掌控和周密安排。通过这种科学的时间管理，教材管理者可以优化资源配置，减少等待和闲置时间，提高教材编写、审查、编辑和印刷等各个环节的工作效率。科学的工作时间表还有助于明确各环节的职责和期限，增强团队成员之间的沟通与协作，从而提升整体教材管理活动的质量和效果。

第三，充分利用和掌握时间。在高校教材管理工作中，时间是一种宝贵的资源，充分利用和掌握时间对于提高工作效率、确保教材质量和按时供应具有决定性的作用。

一是，教材管理者需要对工作时间进行周密的计划，这包括了解何时需要完成哪些任务，并对时间安排有清晰的认识。通过制订详细的工作计划和时间表，管理者可以确保每项任务都能在规定的时间内完成，从而避免延误和积压。

二是，教材管理者需要分清工作的主次和轻重缓急。在面对众多任务时，应本着"重要紧急的事情优先办理"的原则，根据任务的紧迫性和重要性对工作进行排序，并依次执行。这有助于确保关键任务能够得到优先处理，同时也避免了因琐事分散注意力而影响整体工作的进展。

三是，教材管理者在教材编写和审查过程中，可以同时进行相关的编辑加工和设计工作，以减少等待时间。通过优化工作流程和协调各环节的工作，可以节省大量时间，提高工作的整体效率。

四是，教材管理者应培养良好的时间管理习惯，如设定明确的工作目标、合理分配工作任务、避免拖延、有效利用碎片时间等。同时，还应不断提升个人的时间管理能力，如学习时间管理理论、掌握时间管理工具、参加时间管理培训等。

五是，教材管理者应建立有效的时间监督和反馈机制，定期检查和评估时间管理的效果，及时发现和解决时间管理中的问题。通过持续建立有效的时间监督和反馈机制提供有力保障。

（5）高校教材工作中空间的管理。空间管理涉及对管理活动所处环境的有效管理，这一环境包括了硬环境和软环境。

第一，硬环境管理聚焦于物质性空间环境，即自然环境和人工环境。教材管理者通过采取各种措施，充分利用这些物质性空间环境，以确保其最大化的效能。自然环境包括了教材管理活动受到的自然界物质影响，而人工环境则是人类建造的各种设施、场地和建筑物等，这些都直接影响着管理活动的进行，如场地的位置、面积以及周围环境的状态。

第二，软环境管理关注的是社会性空间环境，即由教材管理活动形成的人际关系网络。良好的人际关系是各项管理活动顺利开展的重要保障，这些关系充当着润滑剂的角色，使得每个参与者的潜能都能够得到充分发挥。教材管理者需要关注人与人、单位与单位、部门与部门、机关与基层、上级与下级之间的相互关系，确保这些关系良性、和谐，从而促进整个管理活动的顺利进行。

第三，在软环境管理中，最核心的是处理好各种关系。这包括了在团队内部的协调，单位之间的合作，部门间的沟通，以及机关和基层、上下级之间的关联。通过建立积极、互信、合作的关系，教材管理者能够有效地推动管理活动的顺利进行，提高工作效率，实现管理目标。

（6）在高校教材工作中，信息管理的核心在于对信息的处理。这包括了一系列基本环节：信息的获取、传输、加工、存储以及提取。教材的内容需要经过系统化的整理和加工，确保其准确性和完整性。信息的传输必须高效可靠，以保证教学活动的顺利进行。存储和提取环节则需要建立有效的档案管理制度，确保教材信息的长期保存和快速检索。这些环节相互配合，构成了高校教材信息管理的基本内容和关键步骤。

第一，信息的获取。信息获取是教材管理工作中的一个关键环节，其质量和效率直接影响到决策的准确性和时效性。为了确保信息的全面性和准确性，教材管理者在获取信息时必须遵循一定的原则，并采用合适的方法：

·针对性原则。信息的针对性是信息获取的首要原则。教材管理者需要明确信息获取的目的和需求，有针对性地收集与教材管理相关的信息，如教育政策、教学需求、教材市场动态等。这有助于提高信息的相关性和实用性，避免收集到大量无关信息。

·时间性原则。时间性原则强调信息的时效性。在快速变化的教育环境中，教材管理者需要及时获取最新的信息，以把握教育发展的最新趋势和动态。这要求管理者建立有效的信息监测和预警机制，确保能够第一时间获取到关键信息。

·真实性原则。真实性原则要求管理者在获取信息时，必须注重信息的真实性和可靠性。只有真实可靠的信息才能为教材管理提供准确的决策依据。为此，管理者需要从多个渠道和角度核实信息，避免偏听偏信。

·横向性原则。横向性原则强调信息的广度和多样性。教材管理者在获取信息时，不能局限于某一领域或渠道，而应广泛收集不同来源、不同类型、不同角度的信息，以获得全面的认识和理解。

需要注意的是，在信息获取的方法上，教材管理者可以采用多种方式，如查阅资料法、实地调查法、信函联系法、个别对话法和利用会议法等。查阅资料法是通过查阅相关的文献、报告、档案等资料获取信息；实地调查法是通过到现场进行观察、访谈、问卷等方式获取第一手资料；信函联系法是通过书信、电子邮件等方式与相关人员进行交流获取信息；个别对话法是通过与个别人员进行深入交谈获取信息。

第二，信息传递在管理和组织中扮演着至关重要的角色。它不仅仅是简单地将信息从一处传递到另一处，而是确保信息在时间与空间上的有效转移，以便及时准确地送达需要者手中，从而发挥其作用。在评判信息传递的效果时，传递速度和传递质量成为关键的标准。传递速度是指信息从信源到接收者所用的时间，而传递质量则涉及防止噪声、排除干扰、避免失真等方面，要注意以下两个方面：

首先，为了确保信息传递的有效性，建立和完善信息沟通渠道至关重要。就像水需要通过管道流动一样，信息也需要适当的渠道传递和交换。因此，组织管理者需要构建信息网络，以确保信息能够快速、准确地传递。在这个过程中，消除或克服信息失真现象至关重要。无论信息是从上到下传递，还是从下到上传递，都有可能发生失真。因此，组织管理者需要注意到这一点，并采取适当的措施来减少失真的发生，以提高信息传递的准确度。

其次，信息失真的存在可能会对管理活动产生严重的负面影响，因此消除失真不仅仅是一项技术问题，更是组织管理中不可忽视的重要环节。通过建立有效的沟通机制，加强信息管理的规范化和制度化，以及培养员工良好的沟通习惯，可以有效地提高信息传递的质量和效率，从而为组织的顺利运作和发展奠定坚实的基础。

第三，信息加工在信息处理中扮演着至关重要的角色。它涵盖了一系列严格的步骤和科学方法，旨在将原始信息进行分类、排队、比较、判断、选择和编写。这个过程并非简单的转述，而是需要加工者根据特定要求和程序，以科学方法处理信息。最终的目标是将这些经过加工的信息传递给管理系统，为领导的决策制定和管理活动提供依据。因此，信息加工不仅仅是一个简单的整理过程，而是确保信息被有效地转化为可用于决策和管理的形式。在这个过程中,加工者需要保持准确性和严谨性,以确保最终结果的可靠性和有效性。

有效的信息加工可以帮助组织更好地理解和利用信息,从而做出更明智的决策。例如,企业可以通过对市场信息的加工来了解消费者的需求和竞争对手的动态,从而制定出更有效的市场策略。政府也可以通过对社会信息的加工来了解民众的需求和意见,从而制定出更符合民意的政策。

第四,信息的存储。在教材管理中,信息存储具有至关重要的地位。这些存储的信息不仅仅是历史记录,更是教材管理工作所依据的凭证、参考和总结交流的基础。教材管理工作者在履行职责的过程中,应当认识到信息存储的重要性,并相应建立和维护个人信息库及资料档案,以满足工作需求。

所存储的信息内容非常广泛,涵盖了教材管理的方方面面。这包括文件、规章制度、专业设置、教学计划、教材编写与出版计划、专家建议,甚至教材使用后的质量反馈等。这些信息的存储对于揭示教育活动的规律性、形成知识体系具有不可替代的作用。

传统的信息存储方法依然发挥着重要作用,档案管理、图表记录、样书保存和统计卡片等方式仍然被广泛采用。随着技术的进步,多媒体方法如录音、录像、幻灯和投影也成为有效的信息存储手段,特别是电子计算和数据库存储技术的应用进一步提升了教材管理的现代化水平。这些技术不仅提供了更高效的信息存储手段,还能够支持信息的检索和分析,从而极大地提升了教材管理工作的效率和精确度。

信息存储在教材管理中扮演着重要的角色。教材管理工作者应该充分利用各种存储手段,建立完善的信息档案,以支持教材管理工作的顺利进行。随着技术的不断发展,他们也应该不断学习并采用新的存储技术,以适应教育领域不断变化的需求。

2. 把握高校教材管理的方法

"所谓把握教材管理的方法，主要是指在把握教材管理内容的同时，应该掌握哪些管理工作的方法和技巧，以便有效地开展教材管理。"[①] 把握高校教材管理的方法主要包括以下内容：

（1）全面了解工作内容。为了高效地执行部门内的各项管理工作，首要任务是全面而深入地理解部门承担的所有工作项目的内容及其特性，这包括但不限于以下方面：

第一，确定工作重点。识别并区分哪些工作内容是核心任务，哪些则属于次要或支持性任务，这有助于优先分配资源和注意力，确保关键任务得到妥善处理。

第二，内外联系的识别。明确哪些工作内容需要与外部部门或机构进行沟通协作，哪些则主要在部门内部完成。这有助于建立有效的沟通渠道和协作机制。

第三，教学与教务的关联。了解不同工作内容与教学和教务的关联程度，确保教学资源与教学计划的同步更新和协调一致。

第四，紧急程度的判断。评估各项工作内容的紧急性，区分哪些任务需要立即处理，哪些可以安排在较后的时间进行，从而合理安排工作进度。

第五，工作内容的细致分析。通过对所有工作项目内容的细致分析，可以更准确地进行任务分解和优先级排序，制定出科学合理的工作计划。

第六，人员分配与执行策略。决定由哪位团队成员负责特定的工作内容，并制定具体的执行策略，以确保任务的有效完成。

---

① 孙雪亮. 高校教材管理实务 [M]. 上海：复旦大学出版社，2010：62.

第七，持续改进与优化。不断审视和评估工作流程，寻求改进的机会，以提高工作效率和质量。

需要注意的是，全面掌握工作内容的同时，还需要妥善安排这些内容的优先级和执行顺序，努力实现工作的精细化、深入化和优质化。这不仅需要消除工作流程中的盲点，覆盖所有细节，还需要尽量减少工作上的疏漏，从而确保部门教材管理任务的顺利完成。

（2）不同部门在组织中承担着各自的任务，因而工作内容的侧重点也随之而异。以教育机构为例，教务部门的核心工作主要围绕着课程计划展开，因为这直接关系到教学工作的后续安排和实施。相对而言，教材部门则更为关注教材计划的编制，因为这关系到教材的征订、采购和发放使用等方面。然而，教材管理工作并非一成不变，它随着任务的进展而不断转变重心。例如，在教材采购完成后，侧重点便会从采购过程转向教材的分发和安排，以确保教材能够尽快送达各分校，有利于教学的顺利展开。侧重点的确定不应该是孤立的事件，而应该贯穿于整个管理过程中。这样做有助于确保任务的有序完成，避免因工作重心的转变而造成工作效率的下降或任务执行的不完整。管理者需要时刻审视工作的侧重点，确保其与任务的进展保持一致，并及时调整工作重心以适应不同阶段的需求，以确保任务的顺利完成。

第一，在管理工作中，区分侧重点工作内容的意义不言而喻。这项实践旨在确保重点工作的顺利进行，同时避免其对其他任务产生负面影响，成为高效管理的关键所在。以编制教材计划为例，可以清晰地展示这一点。教材计划的制定质量直接影响到后续的教材认定、征订、采购、发行、结算以及仓库管理等一系列运作流程，最终决定了教材发行任务能否按时完成。在这种认知下，教材管理部门应当将制订教材计划视为工作的重中之重，投入相应的资源和精力，组织专业团队来制订一个周全的教材计划。这样做有利于为接下来的教材征订和采购工作奠定坚实的基础，从而确保整个教材发行流程的高效和有序。

第二，合理安排工作力量也是至关重要的。一旦确定了工作的侧重点，教材部门应尽力组织力量，从时间、人员配备和物质准备各个方面给予足够的保证，以确保任务能够按时完成。例如，在发行期间，配发教材是一项重中之重的工作内容。为了减轻后续分校自提教材的压力，应尽量提前为分校送书，并且要尽可能地多送。教材部门应认真考虑加强配书力量，选派有经验且技术较为熟练的人员投入该项任务之中，同时其他人员也应积极配合，以确保配书顺利，从而保证教材能够如期发行。

（3）在高校教材管理的工作中，与兄弟单位和部门之间的协调合作是至关重要的。教材管理部门的职能并不限于内部的管理工作，更多地涉及与外部单位的业务联系和互动。这些外部联系包括但不限于与教务部门共同确定教学计划，与教学部门协商教材计划的认定，与分校沟通教材的征订事宜，与出版社和供应商进行教材采购，向分校发行教材，与分校、出版社、供应商以及物流运输商进行教材款项的结算，以及与物业保安部门合作确保教材的安全保卫等。

为了确保教材管理工作的顺利进行，教材部门必须与外界部门建立并维护良好的合作关系。这要求教材部门在实施上述工作内容时，能够预先进行详尽的分析、周密的规划，并做好充分的准备工作。具体而言，教材部门应当注意以下方面：

第一，明确合作目标。与各相关部门共同确立清晰的工作目标和预期成果，确保所有参与方对目标有一致的理解。

第二，建立沟通机制。确立有效的沟通渠道和定期的沟通会议，以便及时交流信息、协调工作进度和解决合作过程中出现的问题。

第三，制定合作协议。与各合作部门签订合作协议，明确各方的权利、义务和责任，为合作提供法律和制度上的保障。

第二章　高校教材管理过程与数字化开发 ◎

第四，规划工作流程。设计合理的工作流程和操作指南，确保各项工作能够有序进行，减少不必要的延误和错误。

第五，准备应急方案。针对可能出现的意外情况，如物流延误、教材短缺等，提前制定应急方案，以最小化对教材发行任务的影响。

第六，定期评估与反馈。定期评估合作效果，收集各方的反馈意见，不断优化合作模式和工作流程。

通过上述措施，教材部门可以有效地与外界部门建立稳固的合作关系，协调处理好合作过程中的各类问题，确保教材发行任务的顺利完成，从而为高校的教学活动提供坚实的教材保障。

（4）预作准备，妥善应对紧急情况。在教材管理工作中，预先做好准备以应对可能发生的紧急情况至关重要。这些紧急情况包括出版社停止印刷、导致教材供应中断，或者在学期开始后教材未能及时送达，甚至在分校验收时发现教材数量不足等情况。这些问题可能根源于多方面，包括出版社或供书商的问题、物流延误，或者用书部门因漏订、少订或错订而产生的工作失误。在面对这些紧急情况时，采取妥善措施是至关重要的。例如，及时寻找替代供应商、加快物流速度等措施，以确保教材供应不受影响。通过这样的预先规划和行动，可以最大程度地减少教材供应中断对教学工作带来的负面影响，保证教学计划的顺利进行。

面对这些潜在的问题，教材管理部门应当提前予以关注，并制定相应的应急预案。一旦发生紧急情况，能够迅速启动预案，及时解决问题。例如，若分校在验收时发现教材短缺，这直接影响到学生的学习进度和教学秩序，此时的首要任务是站在学习者的角度考虑问题，而不是追究责任。根据预先制定的应急预案，只要仓库中有所需的教材，就应立即采取措施，优先解决学生的学习需求。确保学生能够及时使用教材，无疑是教材管理工作中最为重要的任务。

（二）优化高校教材管理的环节和实施途径

在教材管理工作中，"环节"是指一系列相互关联的步骤或阶段，如"主要环节""薄弱环节"等。要做好教材管理工作，一方面要把握各个环节，另一方面要掌握时间，两者相辅相成，缺一不可。如果只关注环节而忽视时间，那么工作可能会缺乏效率，甚至可能导致任务延期。只有同时关注环节和时间，才能确保工作的有效进行，实现教材管理的目标。

内容、环节和管理之间的紧密联系是管理领域的基本原则之一。在管理理论中，内容被视为构成管理和环节的核心要素。如果一个环节缺乏必要的内容支撑，那么它将无法有效运作，从而使得管理失去了意义。因此，管理的核心任务之一就是根据实际需要，通过合理的组织将内容串联起来，形成一系列有机的环节，以完成既定的任务。这意味着管理并非单纯是流程的抽象概念，而是需要针对具体的内容进行实质性的操作和落实。在管理的各个环节中，包含了各种内容，而这些内容又贯穿于整个管理工作中。因此，管理工作的实质就是将抽象的管理理念转化为具体的行动，即落实到具体的内容上。而管理的内容多少和深浅程度，则取决于管理的广度和深度。在实践中，对于教材管理这样的工作而言，深入了解工作内容就显得尤为关键。只有深入了解教材的具体内容，管理者才能够更好地规划和组织工作，确保教材的质量和效果。管理者需要在教材管理工作中全面了解工作内容，这是确保管理工作顺利进行的重要前提之一。

1. 优化高校教材管理环节的重要意义

优化高校教材管理环节不仅是提高教学质量和效率的关键，也是确保教学资源合理配置和利用的基础。在当前教育资源日益紧张的背景下，如何通过科学的管理手段，提升教材使用的有效性，已成为高等教育领域普遍关注的问题。

（1）优化教材管理能够直接提高教学效果。教材是传授知识、培养能力的重要载体，它关系到教学内容的更新与教学方法的改革。通过优化管理流程，可以确保教材内容的先进性和科学性，使学生能够及时接触到最新的学术成果和科研动态。同时，有效的教材管理还能保障教材及时供应，避免因教材短缺或延迟发放影响教学进度，从而维护教学秩序，保证教学质量。

（2）合理的教材管理有助于降低教育成本。教材费用占据了学生教育消费的一大部分，而高效的教材管理可以减少浪费，如避免过量采购和库存积压。此外，通过对教材使用周期的有效规划和对二手教材的循环利用，可以进一步节约资金，减轻学生的经济负担，同时也符合可持续发展的理念。

（3）优化教材管理环节还具有促进教育公平的重要意义。在不少地区，尤其是偏远和欠发达地区，优质的教材资源相对匮乏。通过建立高效的教材管理和分配机制，可以确保所有学生无论地域都能享有同等质量的教育资源。这有助于缩小不同地区间的教育差距，为每个学生提供平等的学习机会，推动整个社会的教育公平。

（4）随着信息技术的发展，数字化教材逐渐成为趋势。优化教材管理还包括数字教材的开发、应用和维护等方面。数字教材不仅方便快捷，还可以实现个性化学习，满足不同学生的学习需求。因此，构建一个高效、灵活的数字教材管理系统，对于适应现代教育发展的需求至关重要。

2. 优化教材管理环节的实施途径

（1）在优化教材管理环节的实施途径中，对整个教材管理工作流程的全面理解至关重要。这包括了解基本环节、特点、时间进度以及目标要求。缺乏对流程的了解将导致管理工作的无法有效展开。管理者可能会陷入无序和被动的状态，缺乏应对问题的计划和解决方法。只有通过全面了解每个环节的工作特征，包括内容、特点、时间和要求，才能够提高管理的质量和效率。这样的全面了解使管理者能够实施有计划和针对性的管理，从而更好地满足管理上的标准。管理者必须在实施教材管理工作时，深入了解整个工作流程，以确保能够有效地展开管理工作，应对各种问题，并提高工作的质量和效率。

（2）在高校教材管理的众多环节中，有效把握并强化关键环节的管理是确保整个工作流程顺畅和高效的重要策略。为此，管理者首先需要深入理解各个工作环节的内在特性，评估它们在整个教材管理过程中的作用和影响范围。以教材计划的编制为例，这一环节对后续的教材征订、采购、发行、使用乃至结算等环节都具有指导性作用，与教学活动的开展密切相关。教材计划的准确性直接关系到课程教材的供应情况，若存在偏差，将对教学秩序造成干扰。在制订教材计划时，管理者必须在思想上给予高度重视，将其作为管理工作的重中之重，确保计划的科学性和准确性。

（3）在高校教材管理中，处理好对外工作环节的关系至关重要。这些外部联系在整个管理流程中扮演着不可或缺的角色。教材管理的各个阶段都需要与外部实体建立联系，这包括计划、实施和总结阶段。从教材计划确定与认定开始，到征订计划发布、教材采购与验收、配送与自提、调剂、问题处理，再到收退教材及款项结算，以及教材工作研讨会组织等总结阶段，都需要与外部单位进行协作。这些外部单位涵盖了分校、出版社、供应商、物流公司等多个领域。因此，教材部门必须与这些单位建立良好的合作关系，以确保整个管理流程的顺畅进行。只有通过有效的沟通和协调，才能保证教材管理工作的高效执行，从而满足师生的需求，促进教育教学工作的顺利开展。为了有效管理对外工作环节，教材部门应采取以下措施：

第一，建立内部规范。制定必要的内部管理制度或协议，以便在与外部单位协作时有明确的规章可依，确保内部运作有序。

第二，制定指导方案。针对对外工作环节提前制定详细的指导方案或工作规范，确保所有参与方，包括出版社、供应商等，都清楚合作的规则和预期。

第三，明确合作要求。在关键环节如教材采购中，应与供应商明确商定操作规程，包括采购要求、供应时间、信息沟通、包装标准等，以避免供应错误和延误。

第四，加强沟通协调。通过定期的沟通会议和工作报告，加强与外部合作伙伴的沟通，确保双方对合作内容有共同的理解和期望。

第五，确立反馈机制。建立有效的反馈和问题解决机制，确保在合作过程中出现的问题能够及时被识别和解决。

以教材采购环节为例，教材部门在制定采购清单时，应与供应商就采购的详细要求和注意事项进行深入沟通，包括约定教材的交付时间、质量标准、信息通报机制等；还应要求供应商在无法满足采购需求时，能够及时通知教材部门，并提供备选方案或替代产品信息，以减少对教材发行的影响。通过这些措施，教材部门可以与外部合作伙伴建立起稳定而高效的合作关系，确保教材管理工作的顺利进行，从而为高校的教学和科研活动提供坚实的教材支持。

（三）严格实施高校教材管理的相关规范

在教育体系中，规范化是确保教材工作顺利展开的不可或缺的前提。教材管理的规范化涉及多个方面，包括制度的完善、工作的规范以及对岗位责任制的重视。

◎高校教材数字化管理系统研究

1. 完善各项教材管理制度

完善各项教材管理制度尤为关键。这些制度不仅为教材管理工作提供了明确的指导和规范，还在确保教育质量和教学秩序方面发挥着至关重要的作用。通过建立健全的制度，可以提高教材管理工作的效率和质量，进而促进教育事业的发展。高校及其他教育机构应当认识到，完善各项教材管理制度是确保教育质量和教学秩序的重中之重，能更好地满足学生和社会的需求，实现教育事业的可持续发展。

（1）教材管理制度的建立需要依据教育法规和学校实际情况，确保制度的合理性和可操作性。例如，在教材征订环节，应制定明确的教材征订制度，规定征订的时间、方法、责任人及处理流程，确保教材需求的准确统计和及时响应；在采购环节，应建立严格的教材采购制度，对供应商的选择、教材的质量和价格、采购合同的签订等进行规范，以保证教材的质量和供应的及时性。同时，还应制定教材发放和调剂制度，明确教材发放的时间、程序和责任，以及教材调剂的原则和方法，确保教材的合理分配和有效利用。

（2）教材管理制度的完善还需要不断地根据教材管理工作的新情况和新问题进行调整和优化。随着教育改革的深入和教学内容的更新，教材的种类和数量也在不断变化，这就要求教材管理制度能够灵活应对，及时更新。学校教材部门应定期对现行制度进行评估和修订，根据教学计划的调整、教材市场的变化、技术的发展等因素，对相关制度进行完善，以适应教材管理工作的新需求。

（3）教材管理制度的有效实施还需要加强监督检查和责任追究。学校教材部门应设立专门的监督检查机构，对教材管理的各个环节进行定期检查，发现问题及时纠正。同时，还应建立责任追究制度，对违反教材管理制度的行为进行严肃处理，确保制度的权威性和执行力。通过监督检查和责任追究，可以增强教材管理人员的责任感和紧迫感，提高教材管理的规范性和有效性。

总之，严格实施高校教材管理的相关规范，完善各项教材管理制度，是提高教材管理质量和效率的重要保证。高校应根据教育法规和学校实际，建立一套科学、合理、全面的教材管理制度，并通过监督检查和责任追究，确保制度的有效实施，从而为高校教学活动提供有力的教材保障。

2. 加强教材管理工作规范化

为了实现教材工作的规范化，除了建立和完善必要的管理制度外，加强教材管理的规范化也是执行教材管理规范的关键环节。实践已经反复证明，规范化的管理工作对于优化工作流程、降低教材工作错误率、提升工作质量和效率、减少运营成本以及增加经济效益都至关重要。

教材管理的规范化是确保教育机构教材工作高效有序进行的基础。这种规范化不仅仅是简单的文件制定，而是贯穿于教材工作的每个环节，从教材计划的编制与审批，到教材的征订、采购、验收、分发以及款项结算等方面都有所体现。这意味着教材管理的规范化不仅是一个理念，更是一种落实到实际操作的具体要求。

在众多教材管理环节中，征订与采购环节尤为关键。这个环节需要密切与分校、出版社和供应商等相关方合作。征订过程中，与分校的沟通至关重要，以确保准确了解各分校的需求和特点。同时，与出版社和供应商的协调也是不可或缺的，以确保教材的及时供应和质量保障。

为了提高分校教材征订的准确性和有效性，教材部门需要采取一系列措施。首先是加强与分校的沟通，通过发布详细的征订通知、明确告知征订规定和注意事项，并提供专业的指导意见，引导分校严格按照要求进行教材征订。这样的规范化管理措施有助于减少分校在征订过程中的错误和疏漏，提高征订效率和准确度。

规范采购管理也是提升教材管理质量和效率的关键。通过制订科学合理的采购计划，教材部门能够确保教材的及时供应，以满足教学需求。同时，规范采购流程也有助于降低采购成本，避免重复工作，最终提升经济效益。

教材管理规范化不仅是一种管理理念，更是一种务实的操作要求。只有在各个环节严格按照规范进行管理，才能确保教材工作的顺利进行，从而为教育教学提供良好的支持和保障。

3. 重视发挥岗位责任制在管理中的作用

岗位责任制依赖于不同岗位人员的协同合作与职责分明。为了确保教材工作目标的准确和高效完成，必须重视并发挥岗位责任制的管理功能。

实施岗位责任制能够有效提升教材管理人员的责任心，保障工作任务的顺利完成；显著提升对于推动教材管理工作的规范化和制度化建设，具有积极的促进作用。为此，应将岗位责任制作为教材管理体系的核心，重点培育员工的岗位责任心，并将其执行情况纳入考评及奖惩机制中，以此作为构建岗位责任管理体系的关键组成部分。

在教材部门，岗位责任制被精确地体现为设立多个岗位，并对每个岗位的工作内容、量、质、时限以及相关责任进行明确规范。这意味着每位员工清楚了解自己的职责范围和任务目标，以便能够有序地展开工作。这种规范化的管理方式具有两个显著特点：首先，它具备系统的完整性，保证每一个岗位都有清晰的职责分工和工作要求，避免混淆和重叠；其次，其考核机制以量化为主，旨在客观公正地评估员工的工作表现，减少主观评价的干扰和偏见。

岗位责任制的实施不仅仅是一种管理手段，更是一种文化建设和组织发展的重要举措。通过明确责任和考核标准，能够有效地提升员工的责任意识和危机意识，使他们更加自觉地承担起工作责任，时刻保持高度的责任心。这种责任心的激发不仅仅促进了管理工作的规范化和工作作风的改善，更重要的是，它也直接影响到服务质量和效率的提升。因此，岗位责任制作为教材管理的一部分，不仅有助于构建健康的组织文化，还能够有效地推动教材工作的发展和提升，为部门的整体运营注入了活力和动力。此制度的实施有助于摒弃传统的职责不明确和缺乏有效监督的平均主义管理模式，转而建立一种科学的管理制度，即通过制度来管理人员，用制度来管事。岗位责任制的实施，有助于营造一个优化用人机制的环境，提升教材管理人员的主人翁意识，促使他们更加自觉、认真和规范地履行岗位职责。

二、立足高校教材管理的服务

高校教材部门的首要任务之一是提供教材服务，这项任务不仅仅是他们的职责，更是其存在的意义所在。学校教材管理部门的存在旨在确保教材供应的顺利完成，从而为教学提供必要的支持服务，保障教学活动的正常进行。因此，服务理念被视为教材管理工作的核心准则，这意味着他们不仅要为学校内部提供服务，还要向分校和社会提供服务。

在实践中，教材管理的服务性体现在两个方面。他们需要做好基本的服务工作，确保教材的及时供应，准确无误地分发到需要的地方。他们应不断提升服务水平，以更高质量的服务满足不断增长的教学需求。这包括积极倾听用户的反馈意见，不断改进服务流程和提升服务质量。他们的目标是全力为分校和学生提供教材服务，使教学活动能够顺利进行。

高校教材部门的服务使命不仅仅是完成教材供应任务，更重要的是确保这项任务能够以最高效、最优质的方式实现。这需要他们在日常工作中不断努力，始终将服务理念贯穿于教材管理工作的各个环节，以满足教学活动的需要，为教育事业做出积极贡献。

（一）做好高校教材的基本服务

高校教材部门在教材管理工作中承担着至关重要的服务职能，做好高校教材的基本服务需要注意以下方面：

第一，在教育机构内，教材服务的优质执行是确保学校顺利运转和教学活动有效展开的关键。为此，教材部门需积极与教务和教学部门保持密切沟通，精心策划征订计划，以避免盲目或错误的征订行为。这种沟通和协作有助于确保教材征订工作的质量和效率，从而为学校提供精确的教材征订计划。

第二，教材的发放服务也至关重要。为了提高透明度，教材部门应当严格按照先征订先发放的原则，确保教材的配置与发送公平公正。实施送书上门服务不仅能够减轻学校自提教材的负担，还能够有效地保证教材能够在课程开始前及时到位，从而顺利开展教学活动。

第三，在面对学校间教材需求不平衡的情况下，调剂教材服务发挥着重要作用。通过充分利用调剂渠道，教材部门可以促进多余教材的互通与周转，迅速响应学校紧急的教学需求。这种做法不仅有助于缓解教学用书的供需矛盾，还能够减轻学校的库存压力，提高教材的利用率。积极与高校和社会供书单位合作，建立多渠道、多方位、多层次的教材调剂机制，也是调剂教材服务的重要举措之一。

第四，教材的收退服务同样需要规范化。教材部门应建立起规范的收退流程，公开审核程序和清退标准，严格甄别收退教材，杜绝非法盗版教材的流入。这种做法不仅能够减轻学校因教材库存而面临的资金压力,还能够保证学校根据需求随时领用教材,同时为下一学期的教学用书发行创造有利条件。

第五,教材款的结算服务也是教材部门应提供的重要服务之一。为了确保学校能够及时准确地完成结账,教材部门应为学校提供便捷的结算服务,并主动提供教材结算清单供学校核对。在条件允许的情况下,还可提供上门结算服务,进一步提高服务效率。

第六,咨询教材服务也是不可或缺的。教材部门应随时为学校师生提供教材相关的咨询服务,确保提供的信息准确无误,全力支持教学活动的顺利进行。这种服务不仅有助于解决教材相关的问题,还能够增进师生对教材工作的理解和信任,从而提高教材服务的质量和效率。

(二)提升高校教材的服务水平

1. 提升高校教材服务水平的内涵

(1)必须加强教材管理的服务能力、质量和效率。这需要创造一个良好的服务环境,促进服务意识的增强,拓宽服务视野,发掘服务潜力。在服务创新方面需要不断下功夫,完善服务措施和手段,以确保服务工作的全面、实际和深入展开。

(2)内涵提升是提升服务水平的核心。服务水平的提升反映了对更高服务理念的追求,是对服务能力、质量和效率的深思熟虑。这包括树立"学生为本"的服务理念,力求提供最优质的服务。教材服务也是提升学校社会形象的一个重要窗口,通过提高服务形象,可以增强学校的社会声誉和竞争力。满足分校的服务需求,不仅可以增强其竞争力,还可以确保效益增加,维护学校的利益。

(3)提升高校教材服务水平必须契合学校的办学宗旨。这就要秉承"为了一切学习者,一切为了学习者"的理念,全心全意为学习者提供服务。这意味着将学习者置于至高无上的位置,以真诚的努力和行动投入到为学习者服务的事业中去。

(4)提升高校教材服务水平不仅仅是提高服务能力、质量和效率,更是对服务理念的深度思考和内涵的提升。只有这样,才能真正地将学习者置于服务的核心位置,提升学校的社会形象和竞争力,确保学校的利益。

2. 提升高校教材服务水平的方法

高校教材部门在教材管理中承担着至关重要的服务职能,其服务内容的优化与创新是提升教材管理质量和效率的关键。

(1)服务内容的梳理与拓展。教材部门应全面梳理现有的服务流程,挖掘服务潜力,以更好地满足高校的需求,这包括但不限于提高教材的课前到位率,确保教材能够及时分发到教学一线;实施多次送书上门服务,减少高校在教材领取上的工作量;根据高校指定的要求进行教材的配送与卸载等。

(2)为了提升服务水平,教材部门迅速实施了一系列措施。他们着重加快了推进这些措施或方案,并将其投入实际应用。其中,他们着力深化改革教材征订管理办法和征订方式,同时积极推进教学资源的信息化管理和服务建设。通过对高校的调研,教材部门制定改造教材征订管理系统的方案,以提升现有系统的性能。新系统旨在成为一个更便捷、更高效的网上征订和查询平台,集成了多种服务功能,以满足高校在教材征订和管理上的多样化需求。这一系列举措将为高校带来更为便利的教材征订体验,提升教学资源的管理效率,为教育教学工作提供更好的支持。

(3)加强服务质量教育,确立服务市场意识。服务质量是教材部门工作的核心竞争力，提升教材人员的服务意识和质量意识对于维持服务创新和服务提升至关重要。以教材征订和配送服务为例，通过提升服务管理的立意和内涵，实现服务质量的优化，可以增强服务的竞争力。当教材部门能够提供高质量的服务时，高校更倾向于通过官方渠道征订教材，从而减少私自采购教材的情况。

（4）加强作风建设，转变工作作风。为了进一步提升服务水平，教材部门需要切实加强作风建设，转变传统的工作模式，积极探索服务提升的新方法。要彻底消除"门难进、脸难看、事难办、话难听"的现象，坚持以"服务教学、服务高校、服务学生"的宗旨为指导，从思想上进行观念更新和角色转变。

（5）服务制度是教材管理规章制度的一部分，旨在确保教材服务的有序进行。该制度涵盖了多个方面，包括制定基本准则、明确办事规则、规范服务纪律、确立言行标准、建立送货退调制度以及实施各项便民措施。通过实施"首问责任制"，服务机构将承担起为高校和学生提供优质服务的责任。完善服务制度是规范操作和提升服务水平的关键举措，有助于提高服务质量和效率。这一举措的重要性在于，通过明确服务流程和规范服务行为，能够有效地提升服务的满意度和可信度，进而增强用户对教材服务的信任感和依赖性。因此，建立完善的服务制度不仅有利于服务机构的管理，也是提升整体服务水平的重要保障。

三、关注高校教材管理的效益

（一）高校教材管理服务与效益的关系

高校在开展教育工作时，必须始终将社会效益置于首位，同时平衡社会效益与经济效益的关系。教材工作作为高校服务活动的一部分，其提供伴随着成本控制，以确保服务的可持续性。

教材管理部门在管理过程中，虽然不应单纯追求效益最大化，但效益的缺失确实会使得提供优质服务变得困难。关注成本效益是衡量教材管理工作成效的重要方面，也是识别管理工作中存在问题的重要手段。制定相应的解决方案，从而提升服务管理质量，推动教材管理工作的持续改进和稳步发展。在一些学校中，将成本效益作为教材部门绩效考核的一个关键指标，已经成为一种常见的做法，体现了对管理服务与经济效益的双重重视。

在高校教材管理工作中，强调"关注效益"具有重要意义。教材虽具有商品属性，但其作为学习者的精神产品，与一般商品有本质区别。管理模式的转变带来了教材组织周期的缩短、服务质量的提升和服务态度的改善等积极变化。然而，教材供应市场仍存在一些不容忽视的问题，如一些供书商为追求利润，违法提供盗版、盗印教材，这些行为不仅侵害了著作权人的合法权益，也严重影响了学生的学习效果和学校的教学秩序。将教材供应仅视为经济行为，以追求经济利益为唯一目标，可能会损害学校的教学秩序和教学质量。我们应避免走向完全市场化的道路，这不符合教育发展的长远利益。

鉴于此，即使高校教材供应部门转变为经营实体，也应避免完全市场化的运作模式。这种观点已在教材管理领域内达成广泛共识。

此外，高校应将教材供应放在"服务为主，效益为辅"的指导思想下，高校教材管理工作应不断优化服务流程，提升服务质量，实现社会效益与经济效益的有机统一，为学校的教育事业做出积极贡献。

（二）高校教材管理效益的增加途径

高校教材管理的效益增加，不仅在于降低运作成本，还体现在对各管理环节的重视。教材部门应当严肃对待教材供应过程中的各个环节，采取有效措施规范管理，从而提高整体管理水平。此外，为了进一步提升管理水平，需要加强对管理者的培养和提高。有效运作也是减少差错事故的关键。通过规范管理，可以不断减少和消除各种差错事故，进而保证运作过程的顺利进行。此外，在管理中控制和降低不必要的费用开支也是至关重要的。这样可以确保运作成本的预算和控制得以切实实施，从而实现运作成本的有效控制，增加管理效益。具体如下：

第一，在管理教材采购过程中，一项重要的策略是加强采购管理以控制成本。通过控制采购成本，可以有效减少教材折扣，从而降低成本支出，增加整体效益。这一策略实质上利用了成本—利润的"杠杆效应"，即使是较小的采购成本变化也可能对最终利润产生较大的影响。因此，专注于采购成本的管理将成为确保企业经济效益的关键。

第二，在考虑物流运输成本时，企业应选择合适的物流运营商，并通过协商合理的运输价格来降低运输成本，但又不降低服务质量。通过精心策划，企业可以有效地优化分校送书路径，合理配置教材送货路线，以减少线路重叠和迂回运输，从而进一步节省物流运输成本。

第三，合理规划退书和库存也是控制成本的重要一环。企业可以通过规范退书流程和库存管理，减少退书成本，避免重复购进，从而提高资金利用效率。及时做好分校教材的调剂工作，减少不必要的重复采购，也将有助于增加收入，节省成本。

第四，在配书方面，企业应当合理规划配书时间，精准掌握需求量，并合理安排临时人员的使用，以提高工作效率，降低成本。加强细节控制也是降低成本的重要途径之一，如加强用电控制，合理利用废旧包装材料等，以减少资源浪费。

第五，有效的资金管理也至关重要。企业应进行资金的统筹规划，加快资金周转速度，提高资金利用效率，以确保企业长期稳定的发展。

第六，合理控制预算支出。科学分配各项费用，实现成本的预测和控制，是企业持续盈利的关键。

四、加强高校教材管理的研究

（一）加强高校教材管理研究的必要性

高校教材管理包括计划、采购、供应（发行）、财务管理、科研和经营管理等多个方面的管理内容，还涉及人力资源、物资、财力、时间、信息等关键要素的综合运用。有效的教材管理需要依赖于丰富的实践经验。

在教育发展的新形势下，教材管理工作面临着前所未有的挑战。教材管理人员不仅需要具备勤奋务实的工作态度，精心处理管理工作的每一个细节，同时也需要具备前瞻性的视角，在当今教育领域的不断演进中，教材管理行业显得愈发关键。了解并适应最新的发展趋势成为至关重要的一环，因为这能够确保教材管理部门有效地应对教育新需求的挑战。直接关系到这一点的是教材管理人员的素质，他们的能力和品质直接影响着工作的质量和效果。

管理的目标是提供及时、准确、优质和经济的教材服务。为了达成这个目标，管理人员必须拥有优秀的思想品质、扎实的业务能力和勇于创新的精神。这不仅需要他们具备扎实的专业知识，还需要他们具备应对变化的能力和愿景，以便在不断变化的教育环境中保持敏锐。

加强教材管理人员的理论和业务学习是至关重要的。只有不断提升自身的知识水平和专业技能，才能更好地应对学校对高标准教材服务的要求。因此，持续的学习和发展对于教材管理人员来说是不可或缺的。

教材管理工作需要掌握广泛的知识，包括但不限于计划、管理、经营、财务、政策法规等方面。这些知识是应对多方面实施要求的基础，缺乏其中任何一方面的知识都会导致工作的困难和不顺利。因此，管理人员需要具备全面的能力，以应对复杂多变的工作环境。

教材工作与高校发展之间存在一定的差距。近年来，高等教育事业蓬勃发展，但教材工作的发展速度相对较慢，导致了这种差距的存在。为了缩小这一差距，管理人员需要更新自己的管理思维，学习和运用现代管理知识和技术。只有通过不断的创新和进步，才能推动教材管理工作向更高层次的科学化和精细化发展，从而更好地适应教育发展的需要，为学校的教育教学活动提供更为坚实的支持。拓展管理思路，增强改革与创新的意识，进一步提高管理人员的主动性和自觉性，以更好地支持教学服务工作，使教材工作更加贴合当前教育发展的需要，并满足现代化管理的要求，推动教材管理工作的创新与发展。

然而，当前教材管理工作中存在一些不容忽视的问题。一些从事教材工作的人员在学历、知识水平和文化程度方面相对较低，这在一定程度上影响了教材管理的专业化水平。对这一问题给予足够的关注，并采取有效措施加以解决，这包括加强教材管理人员的专业培训，提高其学历和知识水平，稳定管理队伍，增强其责任意识和进取心，从而为教材工作的持续改进和发展提供坚实的人才支持。通过这些措施，可以确保教材管理工作更好地适应教育发展的新要求，不断提升教材管理的质量和效率。

（二）加强高校教材管理研究的主要方法

以下是四个加强高校教材管理研究的主要方法，通过这些方法可以系统地增强教材管理的研究工作。

1. 理论与实践相结合

理论与实践相结合的研究方法对于提升高校教材管理的质量至关重要。首先，理论研究提供了教材管理的基本原则和方法，而实践探索则验证了这些原则和方法的有效性。通过案例分析,研究者可以深入理解特定情境下教材管理的成功经验和存在问题,从而提炼出具有普遍意义的管理策略。现场调研和实证研究则能够为理论研究提供丰富的第一手资料,增强理论的现实指导意义。其次,鼓励教材管理人员深入教学一线,直接参与教材的使用和管理,可以增强他们对教材实际应用的理解。通过与教师和学生的直接交流,管理人员可以更准确地把握教材的实际需求,了解教材在教学过程中的表现,从而为教材的选编、更新和优化提供依据。这种双向互动的过程不仅有助于提升教材管理的实效性,也能够促进教材管理人员的专业成长,提高他们解决实际问题的能力。

2. 跨学科研究方法

跨学科研究方法在教材管理中尤为重要,因为这一领域本身涉及多个学科的知识和实践。为了全面提升教材管理工作的质量和效率,必须打破单一学科的界限,采用多元化的研究视角和方法。

(1)教育学提供了评价和选择教材内容的理论框架。通过教育心理学的原理,我们可以更好地理解学生的学习需求和认知发展水平,从而选择或设计出最适合学生的教学材料。同时,教育评估理论可以帮助我们评价教材的实际效果,确保教学目标的实现。

(2)管理学中的组织行为学、流程优化和项目管理等理论可以应用于教材管理的实践操作中。这些管理学原理有助于提高教材供应的效率,减少浪费,并确保教材及时准确地到达需要的地方。

(3)经济学原理可以用来分析教材的成本效益,包括成本控制、预算管理和财务规划等方面,这有助于我们在保证教材质量的同时,尽可能地降低经济成本,实现资源的合理配置。

(4)心理学在理解学生和教师对教材的接受度和使用效果方面也

发挥着重要作用。通过对学习动机、认知风格和个体差异的研究，可以更好地满足不同学习者的需求。

3. 信息技术的应用

信息技术的集成应用为高校教材管理研究提供了新的工具和平台。大数据分析技术能够帮助教材管理者从海量的教材使用数据中提取有价值的信息，从而进行更准确的教材需求预测和库存管理。云计算技术的应用为教材信息的存储、处理和共享提供了更加灵活和高效的解决方案，使得教材资源的获取和利用更加便捷。

人工智能技术在教材管理中的应用，特别是在智能推荐系统和自动分类整理方面，能够极大提升教材管理的智能化水平。通过机器学习和模式识别，智能系统可以为教师和学生推荐最适合的教材，同时也能够自动完成教材的分类和整理工作，减轻管理人员的工作负担。此外，信息技术还能够促进教材资源的共享和交流。通过建立在线教材平台，不同高校之间可以共享教材资源，实现资源的优化配置。通过信息技术，教材的评价和反馈过程也可以变得更加快速和透明，为教材的持续改进和更新提供及时的参考。

4. 持续的教育与培训

持续的教育与培训对于教材管理人员的专业成长至关重要。为了适应教育发展的新趋势和应对日益复杂的教材管理任务，高校必须为管理人员提供全面的学习和成长平台。

（1）专业课程的学习可以帮助教材管理人员掌握最新的教育理论和管理技能，这些课程可能包括教育学、出版学、图书馆学等相关领域的知识，以及项目管理、数据分析等实用技能。通过学习，管理人员能够更好地理解教材的选择、评估、采购和使用的各个环节，从而提高工作效率和质量。

（2）参加学术研讨会和工作坊能够让管理人员与同行交流经验，了解行业最佳实践和前沿动态。这些活动不仅有助于拓宽视野，还能激发创新思维，促进管理人员在实际工作中的创新实践。

（3）实践培训也是提升专业技能的重要方式。通过模拟项目管理、案例分析等实践活动，管理人员可以在实际操作中锻炼自己的能力，提高解决实际问题的能力。

（4）鼓励教材管理人员进行学术研究和发表工作成果，不仅可以提升个人的研究能力，还能为整个教材管理领域贡献新的知识和理念。

5. 研究方法的多样化

教材管理研究的深度与广度，往往取决于研究方法的多样性与科学性。定性研究和定量研究是两种互补的研究方法。定性研究侧重于理解教材管理中的现象、过程和内在逻辑，通过访谈、观察、文档分析等手段获取深入的洞察，它能够帮助研究者揭示教材管理中的复杂性和多维性，理解参与者的视角和经验。定量研究通过统计分析和数学模型，对教材管理的数据进行量化，以期发现普遍规律和趋势，它为教材管理提供了可测量、可比较的依据，增强了研究的客观性和可验证性。

文献综述是教材管理研究的基础，它通过对现有研究成果的梳理和总结，为后续研究提供理论和知识背景。实证分析则是在理论指导下，通过收集和分析实际数据来验证假设，检验理论。理论研究提供了教材管理的框架和概念，而应用研究则将这些理论和概念应用于解决实际问题，如教材的选编、分发、评价和更新等。案例研究也是一种重要的研究方法，它通过深入探讨个别或少数案例，揭示教材管理的具体实践和经验教训。比较研究通过对比不同高校或不同国家的教材管理模式，发现各自的优势和不足，从而为教材管理的改进提供借鉴。

第二节　高校教材管理的主要阶段

高校教材工作是一项系统性管理任务，它涉及课程计划的实施、后期总结评价等多个环节。为了成功完成这项任务，了解工作流程和基本环节是至关重要的。工作者需要全面掌握工作内容和特点，这样才能够有效地指导和开展教材工作。只有通过理清工作思路，制订出针对性的计划，并正确地引导教材工作的进行，才能够顺利地完成任务。最终的目标是确保教材管理服务于教学的根本目标，从而提升教学质量。因此，对于高校教材工作来说，全面了解工作流程和基本环节，以及正确指导和开展工作，是至关重要的一环。主要包括以下阶段：

一、高校教材管理的计划阶段

（一）明确课程计划

在高校教材管理工作中，明确课程计划是编制教材计划的前提和基础。课程计划的确定直接关系到教材计划的科学性和合理性，是教材管理工作的重要环节。为了确保课程计划的准确性和实用性，教材管理部门需要与学校教务部门进行紧密的协作。

课程计划的制订通常由学校教务部门负责，教材部门需要从教务部门获取课程计划的相关信息。在传统的课程计划获取方式中，教材部门通常依赖于教务部门提供的信息。教务部门遵循着既定的工作规程，在规定的时间内向教材部门提供课程计划的电子文档，而教材部门则通过登录网上教务系统来直接获取这些课程计划。这种方式下，教务部门的工作规程起着决定性的作用，规定了课程计划的提供时间，而教材部门则依赖于系统登录来获得所需的信息。随着信息化建设的不断推进和学校资源共享机制的完善，教材部门可以直接在同一平台上共享课程计划资源，这大大提高了工作效率。

在获取课程计划的过程中，教材部门需要注意以下方面的问题：首先，要确保课程计划的完整性，检查是否有遗漏的专业和课程，或是否有计划新增的内容。其次，要确认课程计划的内容是否已经最终确定，是否存在需要修改或调整的地方，如课程的调整、课程归属的变更等。如果需要添加专业、课程或对课程计划进行修改，教材部门还需要了解这些工作的大致时间表。只有对这些问题有清晰的了解和掌握，教材部门在编制教材计划时才能更准确地反映实际过程中出现的误解或错误。这不仅有助于提高教材管理的效率和质量，也有助于维护教学秩序的稳定，确保教学活动的顺利进行。

（二）制订教材计划

制订高校教材计划是教材管理工作中的一项关键任务，它涉及教材的认定、征订、采购、发行、结算以及仓库管理等多个环节。教材计划，也称为教材的发行计划，是基于各专业课程计划以及多媒体教材配置情况制定的，是教材使用的具体规划。

教材计划的编制不仅是教材管理工作的起点，也是确保教材工作顺利进行的核心。一个科学合理的教材计划对于整个教材管理流程具有决定性的影响。教材计划的任何疏漏都可能导致整个教材管理链条的混乱，不仅工作成效受损，还可能对教学活动造成不利影响，给学校带来不可逆转的损失。因此，教材计划的编制是一项基础且极为细致的工作，需要教材管理部门给予高度重视，投入充足精力，确保计划的准确性和可行性。

一旦教材计划最终确定，以保证教学活动的稳定性和连贯性。只有在特殊情况下，如教学内容明显过时需要更新、原定教材已停印或新版本内容有大幅变动等，才考虑对教材计划进行调整。通常而言，教务部门负责组织教材计划的制定。然而，鉴于教材部门在掌握教材信息变化方面具有独特优势，实践中往往由教材部门参与教材计划的共同制订更为适宜。教材部门负责编制教材计划，教学部门负责对教材计划进行认定。这种合作模式有助于确保教材计划的科学性和实用性，更好地满足教学需求，提高教材管理的效率和质量。

综上所述，高校教材计划的制订是一项系统性工作，需要教材部门与教学部门的紧密合作，共同确保教材计划的准确性和实施的有效性。通过科学的教材计划，可以为高校的教学和科研活动提供坚实的教材保障，促进教育质量的提升。

（三）认定教材计划

完成教材计划的工作是一个复杂而重要的过程，其完成后并不意味着可以立即投入使用。首先，教材计划需要经过教学系（部）的组织，由相关教师或专业负责人进行确认。这一步骤至关重要，因为它确保了教材计划的准确性和实用性。接下来，教材计划必须通过系（部）的认定，且需要系（部）主任的签字才能最终确定。这一流程保证了教材计划的合法性和权威性。一旦教材计划被认定并确定，教材部门便会依据这一计划发布教材征订通知，并启动采购与发行工作。这确保了学校教学资源的及时供应和管理。在教学系（部）认定教材计划时，他们需要考虑原则、程序、时间和方式等因素。这保证了认定过程的全面性和公正性。一些学校已经开始采用专门开发的认定系统来完成这一流程，这一举措在提高了认定质量和效率的同时，也为其他学校提供了一个值得借鉴的范例。

综上所述，教材计划的制订、认定和实施是一个需要严谨和系统性的过程，而有效的认定系统和程序是确保教材质量和教学效果的关键因素。

（四）整理教材计划

发布征订计划前的关键步骤。这一过程确保了教材计划的准确性和实用性，为教材的顺利征订、采购和分发打下了坚实基础。以下是对教材计划整理工作的详细说明：

第一，对各系（部）已经认定的教材计划进行复审至关重要，这一阶段的目的是确保计划在认定过程中的准确性，检查是否有遗漏或错误。需要特别关注的是，教材的认定是否遵循了学校的规定，是否全面考虑了主教材及其辅助材料，以确保课程教学的完整性。

第二，规范教材计划的格式是整理工作的重要组成部分。统一的格式有助于清晰传达教材信息，减少分校在征订过程中的误解和误订。这包括确保每一门课程的教材信息准确无误，且格式一致，便于理解和操作。

第三，在教材计划的备注栏中提供必要的补充说明也非常关键。对于下学期即将停用或有重大更改的教材，应提前告知分校，以便它们能够及时调整征订数量，避免不必要的库存积压和经济损失。这样的信息透明化有助于分校更有效地控制库存和成本。

二、高校教材管理的实施阶段

实施阶段是高校教材管理的具体操作阶段，涉及的工作内容和环节繁多，因此需要大量人员投入。在这一阶段，工作人员直接与服务对象接触，处理教材发行中的各类问题和矛盾。这些问题和矛盾往往较为突出，需要教材部门投入大量时间和精力来解决。实施阶段的主要环节包括教材的采购、验收、分发、使用反馈等，确保教材及时、准确地到达学生手中，并满足教学需求。主要包括以下方面：

（一）高校教材管理实施——采购教材

采购是企业经营的核心环节，其成功与否直接影响企业的竞争力。有效的采购与采购管理是企业竞争优势的来源之一。采购对于企业至关重要，是提升企业竞争力和获取竞争优势的重要途径。

对教材管理部门而言，采购是教材管理过程中至关重要的环节。采购效率直接影响教材的到位率，并且与成本效益密切相关。为了满足教材及时到位和降低采购成本的双重要求，教材管理部门首先需要认识到采购工作的重大意义，必须高度重视和加强采购管理。选择合适的采购渠道和合理运用采购策略至关重要，确保采购工作规范有序进行，同时在保证采购质量和教材到位效率的前提下，尽量减少采购成本。

采购渠道的选择至关重要。教材管理部门应优先选择那些实力雄厚、信誉高、服务优良、成本低廉、风险较小的教材供应商。这些供应商必须具备及时、安全供应所需教材的能力。此外，与供应商签订相应的供应合同是必不可少的，以确保供应的可靠性和规范性。同时，通过公开招投标方式选定教材供应商，不仅可以规范教材采购行为，还能在价格上获得优惠，从而更多地让利给学生，减轻他们的经济负担。

制订科学合理的教材采购计划是采购成败的关键。教材管理部门需要制订详细的采购管理规划，以确保在开学上课前教材的到位率达到95%以上。科学的采购计划能够预见并应对可能出现的各种问题，确保教材在学生需要时已经到位。

抓紧、抓好采购工作的质量是采购管理的核心。教材管理部门应密切关注采购工作的每一个环节，确保采购质量达标。无论是采购渠道的选择还是采购计划的制订,都必须始终以高质量、高效率为目标。通过精细化管理和严格把控,确保每一本教材都能够及时、无误地送达学生手中。

教材管理部门要实现高效的采购管理,需要在认识采购重要性的基础上,精心选择采购渠道,科学制订采购计划,并严抓采购质量。只有这样,才能在确保教材及时到位的同时,降低采购成本,提高整体管理效益,最终为学生提供更好的服务。

(二)高校教材管理实施——验收教材

高校教材管理实施阶段中的验收教材工作,是确保教材质量和数量准确无误的关键环节,这一过程包括对收到的教材进行核对、数据录入以及将教材正式纳入库存管理。

数据录入是教材管理计算机化联动的起始步骤,其准确性直接关系到教材的顺利发行及后续结算工作的顺利进行。因此,验收工作必须细致严谨,确保教材的准确无误,避免国有资产的损失。

验收教材入库的重要性不仅在于其准确性,更在于教材一旦入库,便成为国有资产的一部分。因此,验收工作要求高度的责任心和准确性,任何差错都可能导致资产的流失。尽管在实际操作中,由于到库教材数量多、人手紧张,要在有限的时间内完成细致的验收工作存在一定难度,但基本的验收程序绝不能省略。

提高验收工作的效率和准确性不仅是防止教材发行过程中产生纠纷的重要措施,也是确保教材款项正确结算的前提。因此,教材验收工作的重要性不容忽视,必须得到充分的重视和投入。

(三)高校教材管理实施——配送教材

高校教材管理实施阶段中的配送教材工作,是教材从仓库到学生手中的最后一个环节，它包括教材的调配、包装、打包、堆放、装卸和发送等。

配置教材是配送教材工作中的首要步骤，它要求工作人员严格按照打印出的库清单进行教材的分配，任何差错都可能导致教材分配的混乱。负责配书的人员需要具备高度的责任心和细致的工作态度，集中精力，严格遵循规范的操作程序。配书工作的高效执行还需要依赖于工作人员对仓库教材情况的熟悉程度和一定的工作经验。工作不仅涉及人力资源的调配，如装卸人员的安排，还涉及物流资源，如车辆的运送，以及时间上的合理安排。

为了提高教材服务工作的质量和效率，教材部门应尽力提供更多的发送教材服务，以减轻分校自提教材的压力。这可能需要教材部门在人力、物力和时间上做出周密的安排和计划。配送教材工作应由教材部门统一组织和安排，确保教材配送的各个环节能够协调一致，高效有序。通过科学的管理和合理的调度，可以确保教材配送工作的顺利进行，从而提高教材管理的整体效率，满足教学工作的需求。

（四）高校教材管理实施——自提教材

自提教材作为教材发行过程中的一个环节，对于确保教材及时分发到分校手中具有重要意义。根据教材需求和到货情况的不同，自提可以分为集中自提和零星自提两种形式。

发送工作后，仍需继续关注并妥善安排分校的自提需求，确保教材发行工作的完整性和连续性。为此，教材部门应提前对分校计划自提的教材进行配置，确保教材的预先准备和及时打包，以便分校能够实现随到随提，避免不必要的等待和延误。

通过有效的自提教材安排，教材部门不仅能够提高教材分发的灵活性和响应速度，还能够进一步优化资源配置，减少物流成本，提升整体教材管理的效率。同时，这也有助于增强分校的满意度，确保教学活动能够顺利进行。

（五）高校教材管理实施——调剂教材

高校教材管理中的调剂工作，是针对分校之间教材供需不平衡问题的有效解决方案。教材调剂，即通过一定的机制和流程，将某一分校富余的教材调配给需要该教材的其他分校，实现资源的优化配置。

教材调剂活动的开展，可以提高教材使用效率。调剂工作还能减少教材部门因"过分采购"而产生的退书压力，实现教材资源的合理流动和充分利用。

为了提高教材调剂的效率和效果，简化调剂流程，提供信息发布和交流的渠道，从而促进分校间的直接沟通和教材的快速调配。教材部门还应充分利用与其他高校教材部门开展库存教材的调剂合作。通过这种方式，不仅可以有效调剂教材资源，还能为积压教材找到新的出路，实现资源的最大化利用。

（六）高校教材管理实施——协调问题

在高校教材管理实施过程中，常见问题包括教材的错订、漏订、停印、修改和更换，错发、漏发和迟送，以及数量不足或与品种和数量不符，此外还可能出现质量问题。针对这些问题，教材管理部门需及时与相关各方进行有效协调，并提出合理的处理意见，以确保教材的及时准确发放和质量保证。

协调工作本身就是一种艺术，它要求教材管理人员既要坚持原则，又需要灵活地与各方进行沟通和配合。通过有效的协调，可以消除误解、化解矛盾、达成谅解，最终解决问题。在协调过程中，还需注意方式方法，避免过于急躁，以免造成适得其反的效果。

第二章　高校教材管理过程与数字化开发 ◎

协调工作是教材管理的一条主线，它贯穿于教材征订、采购和发行的整个过程中，尤其是在教材的征订、采购和发行阶段。表2-1列出了日常征订、采购和发行过程中可能涉及的一些协调事项。

表2-1 教材征订、采购与发行过程中的协调

协调的单位或部门	协调的主要问题
出版社	教材停印、版次不符、数量不符、印装质量、包装质量、标签问题、迟送交涉、退书等
供书商	出版社的停印、版次不符、数量不足或品种和数量不符、印装质量、包装问题、标签问题、错送、漏送、迟送交涉、退书等
其他供书单位（如高校培训机构等）	数量不符、质量问题、迟送交涉、退书问题等
教务部门等	教材停印更换、教材变更审批等
教学部门	教材停印更换、教材版次不符、增补教材、确认待定教材等
分校系统	错订、漏订、补订、迟订、验收教材发现品种和数量不符、教材停印及教材调整公告、质量问题更换、未到教材的解释与何时到位公告、余缺教材调剂、退书问题、教材款结账等
物流商	送书时间、送书服务质量（例如，未按教材品种分类装卸等）、运费调整等

通过与这些单位或部门的有效协调，教材部门可以及时解决教材管理过程中出现的各种问题，确保教材的及时供应和准确分发，从而保障教学活动的正常进行。这不仅体现了教材管理人员的专业素养和协调能力，也是提高教材管理质量和效率的重要保证。

（七）高校教材管理实施——收退教材

在高校教材管理实施过程中，收退教材环节是确保教材资源合理流动和有效利用的重要部分。这个环节主要包括两个方面：分校退还教材的管理和向供书方退教材的管理。

在分校退还教材的管理方面，教材部门负责接收分校退回的多余、不再使用以及因修订而停用的教材。教材部门需要汇总来自教学教务部门、供书方、分校及专业教学计划等多方面的信息，以做出是否退书的决策。正确的退书决策不仅有助于维持库存教材的良性循环，满足分校的实际需求，同时也为下一学期的教学工作做好准备。

在向供书方退教材的管理方面，每学期教材发行结束后，教材部门需组织分校对本学期征订的多余教材、库存中不再使用的教材，以及下学期因修订（改版）而停用的教材进行收集和退回。教材部门需要向出版社和供书商发送函件，确认所退教材的详情，包括提供退书清单和退书的具体送达地点。这一过程确保了多余和不再使用的教材能够被及时退回，避免了库存积压，节约了存储成本。

在具体操作要求方面，教材部门需做好充分的准备工作。首先，应及时向分校发布退教材的通知，明确退教材的具体要求、时间安排和审核流程。其次，在收退教材结束后，教材部门应获得出版社和供书商关于收到所退教材的确认函。这些确认函可以通过邮寄或传真的方式反馈给教材部门，作为结算教材款项的凭证和依据。

科学规范的库存管理不仅能够减少教材积压，还能加快资金的周转速度，从而实现管理效益的最大化。教材部门通过合理的收退教材管理，能够确保库存教材的良性循环，满足实际需求，并为下一学期的教学工作提供支持。

高校教材管理实施过程中，收退教材环节是关键。通过有效的管理和操作，教材部门不仅能够维持教材的合理流动，避免积压，提升资金使用效率，还能更好地满足分校和教学的实际需求。这一环节的成功实施，将为高校的整体教材管理带来显著的效益和提升。

（八）高校教材管理实施——仓库盘存

库存教材盘存是教材管理过程中不可或缺的重要环节。每学期在教材征订前或发行结束后，教材部门都会进行一次系统的盘存工作，以确保库存教材的数量和账面记录一致。这一过程不仅有助于获取准确的库存信息，而且能够保障财务会计资料的真实可靠，从而为教材结算和下一次采购提供真实可靠的信息依据。

盘存的目的是对库存教材进行全面清理和统计，以掌握各种教材的真实库存情况。在盘存过程中，库存教材的数量可能会出现与账面数不符的情况，分为盘盈和盘亏两种结果。盘盈表示实际库存数量大于账面记录，盘亏则表示实际库存数量少于账面记录。这些结果反映了库存管理的准确性和有效性，并为改进管理措施提供了重要依据。

盘存工作分为定期盘存和不定期盘存两种类型。定期盘存通常按计划在特定时间进行，不定期盘存则是在需要时随时进行。无论是哪种类型的盘存，通常由教材部门组织，仓库人员负责具体的盘点工作，有时还需要会计人员的参与，以确保数据的准确性和财务的对账。

在盘存程序中，仓库人员会对所有库存教材的品种和数量进行详细盘点，并将结果与账面记录进行对比，核实是否存在差异。盘存结束后，需将盘存结果报告提交给财务部门，确保财务记录的准确性。同时，教材部门会对盘盈或盘亏的情况进行深入分析，总结经验，找出差异原因，分清责任，并采取相应的改进措施，以进一步提升库存管理水平。

通过这样的系统盘存工作，教材部门能够全面掌握库存教材的真实情况，确保财务数据的真实性和可靠性，从而为下一次教材采购提供可靠的数据支持。这不仅提高了管理效率，还能有效防范库存管理中的各种问题，确保教材管理工作顺利进行。

(九)高校教材管理实施——教材结算

教材结算是一个复杂的过程，涉及教材应收应付账款、运输费用和劳务费用等多项费用的结算，主要集中在教材款项的结算。教材发行结束后，教材部门需要对涉及的具体费用进行核算和结账。相关对象包括分校、其他购书单位、供书单位和运输单位。教材部门与学校财务部门进行核账和销账，以完成该学期的结算工作。这一过程可以确保各项费用的准确记录和清算，维护财务的规范管理。

教材结算，尤其是教材款项的结算，是教材管理中的重要环节。这一环节是教材业务运作周期中与外界业务联系的最后一步，具有极其重要的地位。教材款的结算是教材管理部门最主要的对外经济活动，占据了整个教材管理费用的最大比重。对于规模较大的学校而言，每年教材的发行金额往往高达千万以上，教材款项的结算尤其关键。如果结算管理中存在疏漏，或者在结算环节出现差错，都会给学校带来重大经济损失。加强教材结算管理，确保结算的准确和顺利，成为保障学校资产安全的一项重要任务。这需要教材管理部门高度重视，全力以赴地进行细致管理，以防范可能的风险，确保学校的经济活动顺利进行。教材款项的结算在教材管理中至关重要，必须通过严格的管理和高度的重视，来保障学校的财务安全和经济活动的稳定运行。

教材结算时间分为春季和秋季两次，按学期结清教材款。运输费用的结算时间和次数则根据运输企业的经营状况而定，以双方事前商定的协议为准。教材结算应严格遵循学校的规定和财务管理制度，妥善处理结算对象、结算时间和结算方式。教材结算需遵循学校规定和财务管理制度，确保按学期结清教材款，并按协议执行运输费用的结算。

(十)高校教材管理实施——处理报废教材

教材管理部门承担着定期处理报废教材的责任。这些报废对象包括积压多年、长期闲置、破旧、过时或明确不再使用的教材。如果不及时处理过期教材,它们将占用仓库空间,限制其他教材的存放,对管理造成不利影响。定期清查并报废这些过期、长期闲置的教材对于仓库管理至关重要。通过处理这些教材,可以释放出宝贵的仓库空间,优化管理流程,确保教材的供需平衡,提高管理效率。教材管理部门应当意识到这一重要性,并严格执行报废程序,以确保教材仓库的有效利用,为学校提供良好的教材管理服务。

教材部门应在发行教材结束后及时清理仓库,剔除不能退或不便退的旧教材,并经领导审批后报废处理。报废教材的账目应及时注销,以提高仓库利用率。

(十一)高校教材管理实施——统计教材发行

教材发行统计分析是确保征订秩序的关键步骤,分为两个阶段。通过跟踪监控征订情况,教材部门进行动态检查,及时发现异常情况并与相关方联系,以防止错订、漏订、少订,甚至违规擅自外订。对征订数据进行汇总分析,检查各分校征订情况是否正常,是否有违规行为扰乱征订秩序。对于严重违规的分校(或个别教材人员),教材部门应按规定给予相应处理,如取消优秀评选资格、扣除奖励或进行通报批评等。通过这样的统计分析和相应处理,可以有效维护教材发行的秩序和规范,确保教材征订工作的顺利进行,为教学活动提供可靠的支持。

三、高校教材管理的总结阶段

(一)组织教材工作研讨会

教材部门每年都应定期举行系统的教材工作研讨会。这次会议的目的在于通报当年的教材工作情况，检查问题整改情况，并总结经验和表彰优秀事迹。会议也提供了一个交流和探讨的平台，让与会者分享教材管理工作的进步和经验，共同制定进一步的改进措施。这种交流和探讨，使教材部门能够更好地了解工作中存在的问题和挑战，并针对性地提出解决方案，以推动教材管理工作的不断提升和改善。定期召开教材工作研讨会不仅有助于加强内部沟通和协作，还能够促进教材管理工作的创新和发展，确保教材工作在不断前进的道路上稳步前行。

（二）进行教材工作评价

教材工作中的评价常常被忽视，它实际上却扮演着重要的角色。在一些学校，组织评价活动并不常见，这是一个显著的缺陷。教材部门有必要加强评价活动的开展，以便及时发现工作中存在的不足之处，并且作出相应的改进。评价活动不仅有助于揭示问题，还可以推动工作的持续进步。通过这样的评价过程，教材管理工作能够逐步走向科学化、规范化和制度化的方向，从而实现提高工作水平的目标。除了研讨和总结外，评价活动同样不可或缺。它们为教材管理工作提供了一种重要的反馈机制，帮助管理者更好地了解工作的实际情况，指导未来的工作方向，并促进整个教材管理工作体系的不断完善和提升。

（三）开展部门教材管理工作总结

部门工作总结包括学期总结和年度总结，其中学期总结是每学期结束后必须进行的程序。其目的在于总结教材工作的得失，发现问题，并提出改进措施。学期工作总结是教材部门不可或缺的环节，通过这一过程，可以优化教材工作，提升工作效率，确保持续改进。

年度工作总结是在年度教材发行工作结束后进行的重要程序。其目的在于回顾、总结和分析全年教材工作，同时提出改进目标和措施。对部门管理人员进行全面的绩效考评，以找出部门和个人的差距。通过这一过程，可以提高全体人员的工作能力和服务水平，为下一个年度的教材管理工作做好充分准备。年度工作总结是教材部门不可或缺的管理环节，通过此过程的深入分析和反思，有助于持续提升工作水平，确保教材管理工作的顺利进行和持续改进，教材部门同时应在个人总结的基础上完成本部门的年度工作总结报告。

第三节 高校教材管理的具体内容

教材在教学中扮演着重要角色，因此教材管理对于提升教学质量和推动教学改革至关重要。其基本内容涵盖教材计划、采购发行、库房、结算、安全和档案管理等六项，被称为教材工作的"六项管理"。这些管理工作涵盖了教材工作的各个方面，确保了教材的有效供应和管理。因此，做好这些管理工作对于提升教学质量和推动教学改革至关重要，为教育事业的发展提供了坚实的保障。

一、高校教材的计划管理

教材计划管理是确保教学活动顺利进行的重要环节，它涉及教材的选用、采购、分发等多个方面。一个科学合理的教材计划管理流程，不仅能够提高教材使用的效率，还能节约成本，避免资源浪费。

第一，编制教材计划是基础工作。高校需要根据教学大纲的要求，结合学科发展趋势和学生的实际需求，由专业教师团队进行教材的选择。这一过程需要广泛征求师生意见，确保所选教材的质量和适用性；还需考虑教材的版本更新、价格、供货渠道等因素，以便于后续工作的顺利进行。

第二，认定教材计划是对初步选定的教材进行审核和确认，这一步骤通常由学校教材委员会或相关部门负责，他们将对教材的内容、价格、版权等进行严格审查，确保教材符合教育政策和教学要求。认定过程中，还可能涉及教材的试用和评估，以收集反馈信息，进一步完善教材计划。

第三，整理教材计划是对已认定的教材进行系统化整理，包括教材的分类、编号、存储等。这一环节要求教材管理人员具备一定的专业知识和技能，能够高效地处理大量教材信息，确保教材的准确性和可追溯性。整理教材计划还包括制订教材的采购计划，明确采购数量、时间、预算等，为教材的采购工作提供依据。

第四，发布教材征订计划是将整理好的教材计划向全校师生公布，以便他们了解教材信息，进行教材的征订。发布方式可以是纸质通知、电子邮件、校园网站等多种形式。发布过程中，还需提供教材的详细信息，如作者、出版社、定价、ISBN号等，以便师生进行查询和选择。

高校教材计划管理需进行动态管理，包括补充、更新、淘汰等。这确保了教材内容的时效性和质量，是提高教学效果的关键。这要求教材管理人员密切关注教学动态和市场变化，及时调整教材计划，以适应教学需求的变化；建立教材反馈机制，收集师生对教材的意见和建议。

二、高校教材的采购发行管理

高校教材的采购发行管理是确保教学资源及时、高效供应的关键一环，这一过程不仅涉及财务和物流，还关系到教学质量和学生满意度。因此，采购发行管理需要精心组织和细致执行。

第一,教材征订是采购发行管理的起点。高校需根据教学计划和课程安排,提前进行教材需求的调查和统计,这一阶段,教师的参与至关重要,因为他们对教材的选择有专业的判断。同时,高校也需要考虑学生的意见和建议,确保所选教材能够满足学生的学习需求。

第二,教材采购环节要求管理人员具备良好的市场分析能力和谈判技巧。在保证教材质量的前提下,通过比较不同供应商的报价和服务,选择性价比最高的采购方案。采购过程中还需注意版权法律的遵守,确保教材的合法使用。

第三,发行工作则是将教材准确无误地分发到每个学生手中。这包括教材的接收、存储、分发等物流环节,需要高效的物流系统和精确的记录管理。在这一过程中,及时处理任何物流问题或学生反馈的问题是至关重要的。

第四,采购与发行过程中出现的任何问题都需要及时协调和处理。例如,如果教材存在印刷错误或配送延误,管理人员需要迅速响应,采取措施解决问题,以减少对教学活动的影响。

三、高校教材的库房管理

高校教材的库房管理是教材管理工作中的关键环节,它直接关系到教材的质量和使用效率。良好的库房管理不仅能确保教材的安全存储,还能提高教材的分发效率,降低损耗,从而为教学活动提供有力保障。

第一,教材的入库管理是库房管理的起点。在教材到货后,管理人员需要进行严格的验收,检查教材的数量、质量是否与采购订单相符。验收无误后,将教材信息录入管理系统,包括教材的名称、作者、出版社、ISBN号、数量、单价等,建立完整的教材档案。对教材进行分类存放,确保存储环境的干燥、通风,避免教材受潮、霉变。

第二，教材的在库管理是库房管理的核心。管理人员需要定期对库存教材进行盘点，核对教材的数量和状态，及时发现和处理盘盈盘亏等问题；还需要对教材进行定期的维护和保养，如除尘、防潮等，延长教材的使用寿命。对于长时间积压的过时教材，应及时进行清仓处理，避免占用过多库存空间。

第三，教材的出库管理是库房管理的重点。根据教学计划和分校的教材需求，管理人员需要及时为分校配送教材，确保教材的及时供应。在配送过程中，要严格按照教材的分发清单进行操作，避免错发、漏发等问题。对于退回的教材，要及时进行登记和处理，如退库、报废等。

第四，库房管理还应包括教材的调剂工作。对于不同分校之间教材的余缺情况，管理人员应及时进行调剂，优化资源配置。建立完善的教材管理制度，并规范教材的入库、在库和出库流程，以提高库房管理的规范性和有效性，确保教材的合理管理和利用。

四、高校教材的结算管理

高校教材结算涉及应收款和应付款的结算。管理的重点是确保每学期末教材应收款的回笼，以保障资金运用。结算的关键在于有效管理应收款，以促进资金周转，实现最大利用效果。

结算管理中，应制定相关制度和采取措施加强对资金运用的监管，接受审查，维护财经纪律，保护学校资产安全。

五、高校教材的安全管理

第一，教材的物理安全管理要求库房必须具备良好的防火、防潮、防盗等基本安全设施。例如，应安装自动喷水灭火系统和烟雾报警器以应对火灾风险；使用除湿机和通风系统来防止潮湿导致的教材损坏；

安装防盗门窗和监控摄像头以防止盗窃行为。针对不同地区的特定风险，如洪水、霉变、虫害和鼠害等，也应采取相应的预防措施。

第二，教材管理人员的作业安全同样重要。这要求教材部门为员工提供必要的安全培训，教授正确的操作程序和应急处理技能，以减少工伤事故的发生。应提供必要的个人防护装备，如手套、安全帽、防护眼镜等，并确保工作场所的整洁有序，避免因杂乱无章导致的意外伤害。

第三，为了加强安全管理，教材部门应建立一套完善的安全管理体系，这包括但不限于：制定详尽的安全操作规程，定期组织安全演练，建立事故报告和处理机制，以及开展安全教育和培训。有效地预防和减少安全事故的发生。安全管理还应包括对教材使用过程中的安全指导，如教授学生如何正确使用教材，避免因使用不当造成人身伤害或教材损坏。通过全方位的安全管理措施，可以为高校教材管理工作提供一个安全、稳定的运行环境，保障教学活动的顺利进行。

六、高校教材的档案管理

教材的档案管理工作也是教材管理的一项内容，建立教材档案的目的，是为了充分发挥教材档案在日常管理、信息服务、建设与研究以及财务结算、审计等方面的重要作用。教材档案管理包括收集、整理和归档。健全的教材档案管理是高校教材建设和管理工作的重要保障，对提高教学质量至关重要。

教材管理涉及多种类别的文件和资料，这些资料不仅包括政策文件和教材文件，还有教材出版信息、样本、计划、账册、资源审批、合同协议以及其他相关资料。

第一，政策文件和教材文件主要由省市教育部门和教材发行单位制定，用于规范教材管理工作的政策和操作程序。

第二，教材出版信息类提供各出版社的征订信息、目录和评价，为教材选购提供参考。

第三，教材样本类则包括学校使用的教材、教师编写的教材以及优秀教材，用于教材选用和评估。

第四，教材计划类按学期或年度整理的教学计划、征订计划和发行计划，有助于组织教材工作和资源分配。

第五，账册类记录了教材征订、进出库、发放和费用结算等信息，是教材管理的重要依据。

第六，资源审批类文件即由教材资源管理部门审批教材更改、使用和出版的申请报告。

第七，合同协议类文件则是与供书单位、购书单位和物流运输单位签订的合同和协议。其他类资料包括上级主管部门的评估鉴定、教材建设研究资料、研讨会总结和调查反馈资料等，为教材管理提供综合参考。

档案管理需要综合考虑纸质和电子文档两种形式。特别是对于电子文档，尤其是无纸化办公系统生成的文档，备份至关重要。有价值的电子文档应制成硬拷贝，如复制到光盘上，以防止系统故障导致文件丢失。这样的备份机制能够确保档案信息的安全和持久保存。

七、高校教材的其他管理

高校教材的其他管理任务是教材部门职责的延伸，这些任务不仅关乎教材的质量和使用效率，也是学校服务功能的重要体现。高校教材的其他管理通常包括以下内容：

第一，教材质量监控。教材部门应定期对教材的使用效果进行评估，包括教材内容的时效性、准确性和适用性。通过问卷调查、访谈和数据分析等方式，收集师生对教材的反馈，及时发现问题并提出改进建议。

第二章　高校教材管理过程与数字化开发 ◎

第二，信息更新与服务。教材部门应建立一个信息更新机制，及时向教学系（部）和教师通报教材市场的最新动态，包括新书发布、版本更新、价格变动等信息；提供教材选用咨询服务，帮助教师选择最适合教学需求的教材。

第三，教学支持服务。为了帮助教师更好地备课，教材部门可以提供教材预览、教学资源包和教学辅助材料；通过送书上门或邮寄服务，确保教师能够及时获得所需教材。

第四，零售与邮寄服务。除了服务校内师生，教材部门还可以拓展服务范围，为校外学校、个人提供教材零售和邮寄服务。这不仅能够增加学校收入，也能提升学校的社会影响力和服务质量。

第五，教材定制与开发。针对特定课程或专业需求，教材部门可以与出版社合作，参与教材的定制和开发工作。这样可以保证教材内容与学校教学计划紧密对接，提高教学效果。

第六，教材数字化与资源共享。随着信息技术的发展，教材部门应推动教材的数字化进程，建立电子教材库，提供在线阅读和下载服务；通过建立教材资源共享平台，促进校际间教材资源的共享和交流。

第七，教材经费管理。教材部门还需负责教材经费的管理和使用，确保教材采购、更新和维护等工作的经费合理分配和有效使用。

第八，教材捐赠与交流。教材部门可以作为学校与社会各界进行教材捐赠和交流的桥梁，通过接受捐赠的教材资源，丰富学校图书馆和教材中心的藏书，同时也可以通过教材交流，促进校际合作和学术发展。

通过上述多样化的管理和服务，教材部门不仅能够提高教材的使用效率和教学质量，还能增强学校的服务能力和社会责任感，为学校的教学和科研工作提供坚实的支持。

第四节　高校数字化教材开发策略

一、高校数字化教材开发的必要性

数字化教材开发的重要性在于提升参与者的认同度，创造良好环境，推动数字化教材的发展和应用：

第一，数字化教材开发在智慧教育的发展中扮演着至关重要的角色，因为数字化转型已成为现代教育的核心内容。通过数字化教材的开发，能够推动高等教育生态的创新，为实现数字化发展目标奠定基础。这种创新不仅提升了教育水平，也有助于适应当今数字化时代的需求，为建设智慧社会、实现"网络强国、数字中国"等目标做出重要贡献。数字化教材开发的重要性不容忽视，应作为教育发展的战略重点之一。

第二，数字化教材开发具有重要意义，因为它能够促进教材出版行业的发展，使之适应社会信息接收习惯的变化。传统教材的困境在于同质化严重，更新滞后，无法满足教学需求和学科发展的动态变化。因此，重视数字化教材建设成为解决这一行业困境的必要途径。通过数字化技术的创新，可以推动教材内容的更新与个性化，从而提升教学质量和效果，使教育更贴合时代发展的需求。

第三，数字化教材与传统纸质教材相比，显现出了明显的优势。这种优势主要体现在资源共享、内容呈现多元化和突破时间空间限制等方面。数字化教材的资源可以更好地共享，内容展示形式更加多样化，而且可以突破时间和空间的限制。数字化教材不仅能够提升教材内容的育人价值，还能激发学生的学习兴趣，同时也有助于拓展育人工作的覆盖范围。这些优势使得数字化教材在现代教育中发挥着重要的作用，对于提升教学质量和教育效果具有积极意义。

二、高校数字化教材开发的实施策略

（一）以教学需求为导向

高校数字化教材建设旨在服务于高校育人工作的开展与优化，因此必须遵循以教学需求为导向的原则。在这一原则的指导下，数字化教材开发者需要深入了解育人工作的发展趋势，同时全面掌握教育工作者和学生对数字化教材的期望。才能确定数字化教材开发的方向，以满足实际教学需求。这种以教学需求为导向的开发方式，将有效提高数字化教材的实用性和适用性，使其更好地服务于高校教学，促进育人工作的有效开展和优化。

第一，高校数字化教材的发展需要注重学生主体性，这是应对当代高等教育发展趋势的必然需求。学生的主观能动性和自主参与对于专业能力的培养至关重要。在数字化教材的开发过程中，必须充分考虑学生的角色和地位。学生应该被鼓励参与到教材的建设中，这可以通过提供平台和机会让学生表达自己的意见和想法来实现。在选择教材内容时，应该注重探究性和挑战性，以激发学生的思辨能力和合作精神。这样的做法不仅可以增强学生的学习动力，还可以提高他们的学习效果和专业能力的发展水平。高校数字化教材的开发应该以学生为中心，重视学生的主体地位，更好地适应现代高等教育的发展要求，提高教学质量和学生的学习效果。

第二，高校数字化教材必须具备现代化特征，因为现代化的教材内容对高等教育的发展至关重要。这种现代化内容是提升人才培养水平、与社会需求对接的重要支撑，对高等教育的现代化发展具有关键意义。

（二）积极完善开发标准

缺乏明确的开发标准会导致数字化教材开发过程中出现盲目性和随意性，可能导致教材质量参差不齐，无法满足教学需求。持续完善开发标准是数字化教材规范化发展的关键。数字化教材开发者应当重视这一点，并不断改进和完善开发标准，确保其能够适应教学的不断变化和提高。这样的努力不仅能提升教材的建设水平，也有助于提高工作效率和质量，最终为数字化教育的发展提供更好的支持和保障。

第一，高校数字化教材开发主体在完善数字化教材内容建设标准方面具有重要责任。这一过程需要充分突显数字化信息的优势，充分利用网络资源。明确划定教材内容建设的范围，采用多元化的方式展现内容，以增强其直观性和吸引力。给予教材应用者适当的权限，并加强监督管理工作，确保他们规范化地参与数字化教材建设。总的来说，完善数字化教材内容建设标准是提升教材质量和效果的关键步骤。通过突出数字化信息的优势、多元化内容的呈现以及规范化的参与，可以更好地满足教学需求，提高教育教学质量。

第二，高校数字化教材开发主体迫切需要完善数字化教材平台建设标准。统一标准下的数字化教材平台构建至关重要，它有助于整合开发力量，提升内容共享能力。实现这一目标的关键在于强化校际合作，积极推进校内平台建设。必须明确平台建设的总体、技术、业务和运行维护标准。结论是，高校应加强与纸质教材出版单位的合作，共同打造数字化教材开发平台，以提供更为丰富的资源支持，提高数字化教材开发水平和效率。

第三，高校数字化教材开发主体必须致力于加强数字化教材应用服务标准的完善。这是因为数字化教材应用是实现数字化教材的真正价值的关键所在。在完善数字化教材开发标准的同时，应用服务标准的建设也应被纳入其中。对于教材应用服务，需要持续改进跟踪记录、个性化内容推荐、教材信息共享以及学生学习分析等方面的标准。应该遵循以人为本的原则，重视收集教材应用者的反馈信息，这是优化应用服务标准的关键所在。通过不断地完善这些标准，高校能够提供更加完善、高效的数字化教材应用服务，更好地满足教学和学习的需求，提升教育教学的质量和效果。

（三）努力提升人才素养

数字化教材开发对于高校至关重要，而这需要优秀的人才支持。高校意识到人才队伍建设在此过程中的重要性，尤其是面对信息技术和市场环境的不断变化，对教材开发人员提出了更高的要求。高校应当重视人才队伍建设，以适应这一挑战。通过提升教材开发人员的专业素养，并加强团队建设，高校可以更加有效地推动数字化教材开发工作的高质量发展。这不仅有助于提升教育质量，还能够更好地满足学生的学习需求，促进教育的现代化发展。

第一，数字化教材开发工作者的数字技术应用能力对工作成效至关重要。当前数字化教材建设仍在探索阶段，需要加强数字技术应用能力的培训。引入现代化教材开发工具和大数据技术可以提升教材开发工作的质量和效率。提升数字化教材开发工作者的数字技术应用能力成为确保数字化教材开发工作取得良好成效的重要保障。通过专业培训和引入先进工具与技术，数字化教材开发者能更好地满足教学需求，提高数字化教材的质量和开发效率。

第二，提升数字化教材开发工作者的综合素养是提高数字化教材质量和效果的必由之路。在数字化教材开发过程中，工作者不仅需要具备良好的信息素养，还需要具备扎实的学科素养。他们需要深入了解学科领域的最新发展，并将理论与实践有机结合，确保数字化教材既满足课程教学需求，又能适应行业环境的不断变化，避免内容滞后和缺乏针对性的问题。培训机构应同等重视学科素养和信息素养的培训，确保数字化教材开发人员能够全面理解学科知识，推动数字化教材开发工作的顺利进行。这样的举措不仅可以提升数字化教材的质量，还能够有效提高教学效果，促进数字化教育的发展。

第三，提升数字化教材开发工作者的创新素养是至关重要的。这种能力不仅能确保教材内容与时俱进，还能推动教育教学的不断发展。数字化教材开发工作者需要具备高度的创新意识和能力，勇于尝试新技术和理念，以满足不断变化的教学需求。随着数字化教材开发技术的快速发展，各学科的教学需求也在不断变化，开发工作者需要不断更新自己的技术认知，提升数字化技术的应用能力。他们还应密切关注学科和社会用人单位的需求变化，将创新思维融入数字化教材开发方案中，以促使教材内容不断更新，满足学生和社会的实际需求，从而推动数字化教育事业的持续发展。

第三章　高校教材管理制度及数字化革新

第一节　高校教材管理制度建设的意义

一、规范教材编写、审核和选用流程

第一，规范编写流程，确保教材内容的科学性、系统性和创新性。通过明确的制度规定，可以从源头上保证教材的编写质量。制度应要求教材编写团队具备跨学科合作能力，吸纳多方面的专家学者参与，以确保教材内容的全面性和深度。管理制度还应包含对教材编写过程的监督和质量控制，如同行评审、学生反馈、教学实践检验等环节，从而形成一套完整的教材质量保障体系。这样的规范流程不仅提升了教材的编写质量，也有助于提升教师的教学水平和学生的学习效果。

第二，严格审核机制，保障选用公正。教材管理制度建设的另一个重要意义在于确立严格的审核机制，保障教材选用的公正性。制度应规定教材审核的标准和程序，包括政治方向、知识准确性、教学适用性等，确保选用的教材能够满足高等教育的教学要求。审核过程中应引入第三方评估，如教育专家、行业顾问等，以增强审核的客观性

和权威性。通过公正的审核和选用流程，可以防止不适宜的教材进入课堂，保护学生免受错误知识的误导；这也有助于提升教材编写者的积极性，鼓励他们创作更多高质量的教材，从而推动高等教育质量的整体提升。

二、促进教育资源的优化配置和共享

（一）优化教育资源配置

优化教育资源配置是高等教育领域通过制度化的手段，可以更加高效地统筹和分配教育资源，包括资金、人力、信息和技术等，确保教材开发和应用的每个阶段都能获得合理的支持。

第一，教材管理制度能够为教育资源的合理流动提供规范的渠道和明确的指引，它不仅确保了教材编写和审核过程中的资金和人力投入，还涉及教材编写技术的更新、教学方法的创新以及教育信息的共享等多个层面。通过这一制度，可以促进教材编写经验的传承和交流，实现优秀教材编写人才的充分利用，提升教材的整体编写质量。

第二，教材管理制度还能激发高校间的合作潜力，通过合作编写教材，高校可以互相借鉴、共享资源，打破单一学校资源的局限性，实现教育资源的最大化利用，这种跨校合作不仅有助于提升教材的编写质量，还能促进教育理念和教学方法的交流与融合，从而提高教育的多样性和包容性。

第三，教育资源配置的优化将显著提升教学质量，为学生提供更加丰富、多元和高质量的学习材料，通过持续的制度创新和资源优化，高校教材管理制度将为高等教育的可持续发展提供强有力的支持。

（二）实现教育资源的广泛共享

高校教材管理制度的建设对于实现教育资源的广泛共享具有深远的影响。在全球化和信息化的今天，教育资源的共享已成为提升教育质量和效率的关键因素。通过教材管理制度，可以建立起一套完善的教材资源开放和共享机制，这不仅包括传统纸质教材的交流与借阅，更重要的是数字化教材和网络课程的共享。

第一，数字化教材平台的建立，使得教材资源的获取不再受地理位置和物理条件的限制。学生和教师可以随时随地通过网络访问到丰富的教材内容，进行自主学习和教学研究。这种开放获取的方式，极大地提高了教育资源的可及性和便利性，特别是对于偏远地区和条件有限的高校来说，能够通过网络享受到与发达地区相同的教育资源，这在一定程度上有助于缩小不同地区之间的教育差距。

第二，开放式教育资源的推广，为教育内容的创新提供了广阔的空间。教师可以根据教学需要，对开放教材进行个性化的修改和补充，创造出更适合自己学生的教材。学生也可以通过参与教材的修改和完善，提高自身的创新能力和实践能力。这种教育资源的共享和再创造，不仅促进了教育内容的多样化，也激发了教育创新的活力。

第三，教材管理制度还应鼓励高校之间建立合作关系，通过共享教材开发经验、交流教材编写人才、共建数字化教材平台等方式，实现教育资源的互补和共赢。这种跨校、跨区域的合作，可以促进教育资源的优化配置，提高教育资源的使用效率，同时也有助于形成教育共同体，推动高等教育的整体发展。

三、确保教材质量和教学内容的时效性

高校教材管理制度建设的意义体现在确保教材质量上。高质量的教材是提高教学质量和学生学习效果的关键因素之一。一个良好的教材管理制度能够制定出严格的教材编写、审核、选用和评估标准,确保教材内容的科学性、权威性和适用性。通过对教材的质量控制,可以保证学生接触到的信息是准确和有价值的,教师的教学也能够更加有的放矢,从而提高整体的教学水平。

高校教材管理制度的建设还有助于保证教学内容的时效性。随着科学技术的快速发展和社会的不断进步,新知识、新理论和新方法不断涌现,教材需要及时更新以反映这些变化。一个有效的管理制度会定期对现有教材进行评估和修订,及时淘汰过时的内容,加入新的教学资源,使教材保持与时俱进。这样,学生就能够在课堂上学到最新的知识和技术,为他们将来的学术研究或职业发展打下坚实的基础。

四、保障教材编写和使用中的知识产权保护

第一,维护教材编写者的合法权益。高校教材管理制度建设对于保障教材编写和使用中的知识产权具有至关重要的作用。制度的建立能够为教材编写者提供法律和政策层面的保护,确保其智力劳动成果得到合法的承认和尊重。通过明确教材编写、出版、使用等各环节的权责关系,可以防止和减少知识产权侵权行为的发生。教材管理制度还应包含版权登记、版权纠纷处理等机制,为编写者提供维权的途径和手段。这不仅能够激励教师和学者积极投身于教材编写工作,促进高质量教材的创作,而且有助于形成尊重知识、尊重创造的良好学术氛围。

第二,促进教材使用的规范化。高校教材管理制度建设在保障知

识产权的同时，也促进了教材使用的规范化。制度可以规定教材使用的权限和条件，如教学使用、学术研究、个人学习等，以及相应的版权声明和引用规范。这有助于学生和教师树立正确的知识产权意识，养成良好的学术道德和版权使用习惯。制度还应加强对教材使用的监督和管理，防止未经授权的复制、传播和修改行为，保护教材编写者和出版社的合法权益。通过这些措施，教材管理制度将为教材的健康发展提供坚实的法律基础，为高校教学和学术研究提供安全、有序的环境。

第二节　高校教材管理制度建设的原则

一、针对性原则

针对性原则是为了制定学校教材部门工作制度，必须结合当前教材管理的实际需求。这一原则主要关注三个方面：是否反映了学校教材管理的特点、是否符合教学工作的需求、是否有利于促进教材工作的发展。教材制度应突出服务教学、分校和学生为中心的理念，发挥规范管理的作用，同时要促进制度的创新，以更好地适应教材工作的需要。

制度制订应遵循法律法规，不得违反法律规定；教材工作制度应体现其属性，并贯彻针对性原则；这些制度是推动教材管理科学、规范化的保障。制订教材工作制度的基本出发点是确保其合法性、针对性和推动管理工作规范化的目标。

二、实效性原则

教材工作制度是规范管理活动的行为准则，需结合部门实际情况和特点制订。目标应切实可行，避免过于宏大难以实现。在实际操作中，过高的要求可能导致员工感到挫败，因为他们可能认为即使付出巨大努力也难以达到既定目标，从而影响其积极性和信心。因此，制度的设定应当既富有挑战性，又具有可达成性，确保员工能够在努力后看到成果，从而增强其成就感和动力。

教材工作制度应当建立有效的激励与约束机制。激励机制能够激发员工的积极性，鼓励他们为实现部门目标而努力工作，而约束机制则确保所有行动都符合既定的规范和标准。两者的平衡对于维护团队的凝聚力和执行力至关重要。激励不应仅限于物质奖励，还应包括职业发展机会、工作认可和团队归属感等非物质激励。约束则应明确规范员工的行为，确保团队目标的一致性和行动的协调性。实效性原则还要求制度设计者深入分析部门面临的具体问题和挑战，制定切实可行的解决方案，并通过定期的制度审查和反馈机制，不断调整和优化制度内容。这样的制度才能真正发挥作用，帮助教材部门实现高效管理和持续发展。

三、创新性原则

在高校教材管理制度建设中，创新性原则是推动管理进步和维护教学质量的关键。制度创新不仅是管理创新的基石，而且是引导和保障教学资源有效利用的重要手段。因此，高校在制订和完善教材管理制度时，必须考虑到当前教育发展的趋势和实际需求，确保制度的及时更新和适应性。为了实现这一目标，高校应当鼓励开放思维，允许并促进制度的动态调整。这意味着，在尊重现有制度的基础上，积极探索适应新情况的解决方案。例如,随着数字化教学资源的发展,传统的教材采购和管理流程可能需要相应的调整以适应电子书和在线资源的特点。

高校还需要建立一个反馈机制,通过收集教师、学生和教材管理人员的意见和建议,不断评估和改进现有制度。这种持续的改进过程有助于发现问题、解决问题,并在实践中不断完善制度内容。

四、可操作性原则

在高校教材管理制度建设中,操作性原则是确保制度有效性的关键。制度的可操作性是指制度能否被轻松且高效地执行和遵守。一个操作性强的制度应当具体、明确,易于理解和执行,且符合实际工作的需求。

为了提高制度的可操作性,高校在制定教材管理制度时,应确保制度内容具体化、明确化。这意味着制度条文应详细规定各项操作流程,明确各个环节的责任人,以及在遇到特定情况时应采取的具体措施。例如,教材采购流程中的每个步骤,包括供应商选择、质量检验、支付流程等,都应有清晰的指导方针和操作标准。制度的语言表述应清晰、准确,避免使用模糊不清的术语,以减少解释上的歧义和执行中的困惑。制度应考虑到实际操作的可行性,既要符合教育教学的实际需求,也要适应管理人员的工作习惯和能力范围。

需要注意的是,为了解决制度落实难的问题,高校还应建立有效的监督机制和反馈渠道,定期检查制度的执行情况,及时调整和完善不适用或不合理的规定。

第三节　高校教材管理制度建设的形式

教材管理制度分为综合类和分类类两种形式，分别针对不同特征和内容范围。这种区分有助于更好地适应教材管理工作的需要。

一、综合类教材管理制度

综合类教材管理制度覆盖面和全面性，在高校教材管理中扮演着核心角色，这类制度不仅包括教材的采购、存储、分发、更新和评估等各个环节，还涉及教材的资金管理、版权问题、数字化转型以及与出版社的合作关系等。一个完善的综合类教材管理制度能够确保教材管理工作的连贯性和系统性，提高教材使用的效率和质量。在具体实施中，综合类教材管理制度强调以下关键点：

第一，要求高校教材部门建立一套标准化的工作流程，从教材的选题、编写、审定到最终的发行，每一步都应有明确的规范和标准。制度应包含对教材质量的严格把控，确保教材内容的科学性、前沿性和适用性；还应考虑到教材的多样性和灵活性，满足不同学科、不同层次教学的需求。

第二，综合类教材管理制度应包含对教材使用效果的跟踪和反馈机制，通过定期的教材使用情况调查、师生反馈收集和效果评估，不断优化教材内容和教学方法。随着教育信息化的推进，综合类教材管理制度也应包含数字化教材的开发、维护和更新，以及相关的技术支持和人员培训。

第三，综合类教材管理制度还应关注教材的可持续发展，包括教材的环保印刷、循环使用以及成本控制等，以实现经济效益和社会效益的双赢。通过这些细致周到的管理制度，高校可以更有效地管理教材资源，提升教学质量，促进教育事业的长远发展。

二、分类教材管理制度

分类教材管理制度是针对高校教材管理特定方面所制定的规章制度，它与综合类教材管理制度形成互补，共同构成完整的管理体系。这些制度专门针对特定的管理活动或职能领域，如教材采购、供应（发行）、仓储、安全防范以及员工岗位职责等，因此具有更强的针对性和操作性。

教材采购制度，如详细规定如何选择供应商、评估教材质量、谈判价格、签订合同以及处理采购过程中可能出现的问题。这样的制度有助于确保教材采购过程的透明性、公正性和高效性。

教材供应或发行制度则关注教材从仓库到学生手中的流通过程，包括教材的分发计划、物流安排、分发记录和学生领取确认等环节。这有助于确保教材及时准确地到达需要的地方。

教材仓库管理制度涉及教材的存储条件、库存管理、出入库记录、盘点流程以及如何处理过期或损坏的教材。这有助于维护教材的良好状态，减少损失和浪费。

总之，分类教材管理制度的制定，不仅要考虑规范性和方便性，还要充分考虑如何有效地实现教材管理的目标和任务。这意味着这些制度应当基于实际工作经验，不断优化和更新，以适应教学需求和管理挑战的变化。通过这些具体而详尽的制度，高校能够更好地管理教材资源。

第四节　高校教材管理制度建设的内容

制度建设是一个复杂而详尽的过程，它涉及高校教育教学的各个方面，包括教材的选用、采购、发行、使用和评估等。为了确保教材管理的规范性、合理性和高效性，高校需要建立一套完整的管理制度体系。

第一，教材选用制度。教材选用应基于教学大纲和课程要求，考虑教材的科学性、先进性和适用性。通常，教材选用需要经过教师推荐、学术委员会审议和教务处批准等多个环节。

第二，教材采购制度。教材采购制度涵盖了供应商选择、采购流程、价格谈判、合同签订、质量检验等方面。这一制度旨在确保教材采购的透明性和经济性，同时保证教材的质量和及时供应。

第三，教材发行制度。这一制度包括教材的存储、分发和结算等流程。它要求高校建立高效的物流系统，确保教材能够准确无误地分发给每位学生和教师。

第四，教材仓库管理制度。仓库管理制度关注教材的存储条件、库存管理、安全防护等。这要求高校有专人负责仓库的日常管理，定期进行库存盘点，确保库存信息的准确性和教材的良好状态。

第五，教材安全防范工作规定。这一规定是为了确保教材在运输和存储过程中的安全，防止丢失、损坏或被盗。它包括对仓库的安全措施、教材运输的安全要求以及应对突发事件的预案。

第六，员工岗位职责制度。这一制度明确了教材管理人员的工作职责和要求，包括采购人员、发行人员、出纳人员等的具体任务和行为准则。通过明确分工，提高工作的专业性和效率。

第七，教材评估与更新制度。随着知识的更新和教学需求的变化，教材需要定期进行评估和更新。这一制度规定了教材评估的标准、过程和频率，以确保教材内容的时效性和科学性。

第八，教材版权管理制度。这一制度确保高校在使用教材时遵守版权法律，防止侵权行为的发生。它涉及版权信息的记录、使用权限的申请和版权费用的支付等。

第九，教材信息化建设制度。随着信息技术的发展，教材管理也需要数字化和信息化。这一制度指导高校如何利用现代信息技术提高教材管理的效率和准确性，例如通过电子书籍、在线资源库等方式。

第十，教材回收与再利用制度。为了节约资源和保护环境，高校需要建立教材回收和再利用的制度。这包括鼓励学生归还旧教材、处理废旧教材的方法以及如何有效地利用这些资源。

第十一，紧急应对与风险管理制度。这一制度为应对自然灾害、突发公共卫生事件等紧急情况下的教材供应问题提供了预案和解决方案。

第十二，监督与评价机制。为了确保教材管理制度的有效执行，高校需要建立一套监督和评价机制。这包括定期检查制度的执行情况、收集反馈意见、评估制度的效果，并根据反馈进行制度的修订和完善。

综上所述，高校教材管理制度建设是一个多方面、多层次的工作，它要求高校在制订和实施各项制度时，既要考虑到教育教学的实际需求，也要适应管理科学的发展，不断优化和创新，以提高教材管理的质量和效率，更好地服务于教学和学生的学习。

第五节　高校教材管理制度建设的施行

一、思想的落实

确保教材管理工作有序发展的关键在于利用制度进行规范。然而，规章制度的执行依赖于员工的自觉性和重视程度，这需要加强思想政治教育以提升员工的素质。部门领导应该以身作则，引导员工，并解决实际困难，以确保思想教育工作的有效性。通过这些措施，规章制度可以更好地得到执行，从而促进教材管理工作的健康发展。

二、责任的落实

确保责任的落实是教材管理工作中的关键环节，需要通过明确岗位职责和管理制度来实现。这包括建立管理定编和岗位责任制度，以确保责任能够明确到人，实现职责、权力和责任的统一。教材管理人员应该深入了解相关政策和规章制度，明确自身的任务和职责，不得推诿自己职责范围内的任务；意识到服务教学、科研、分校和学生的整体利益至关重要，相互关心、帮助，并共同解决工作中的困难和问题。对于推诿现象，特别是那些导致教材延迟发放、影响教学的情况，应该严肃追究责任，认真处理，以确保教材管理工作的顺利进行，不受任何影响。

三、检查的落实

规章制度的制订完成并不意味着一切顺利，必须进行检查以确保实施情况。检查是监督制度执行的手段，用于了解执行情况、发现问题，并提出整改措施。检查和奖罚必须遵循规章制度，不得越权。有效执行规章制度需要持续的检查和监督，以确保其落实和执行效果。发现问题后应及时整改，同时任何奖罚措施都必须合乎规定，不得越权。

四、奖惩的落实

检查和奖惩是相互关联的，因此不能忽视员工的工作表现。忽视工作表现可能导致员工积极性下降，助长失职、懒惰、消极现象，对工作不利。奖惩制度针对员工的表现实施相应的奖励和惩罚措施。表现突出的员工应该得到表扬和奖励，而工作差错严重或违纪的员工则应受到必要的处罚，包括经济处罚。

在教材部门，奖惩的范围受限于业绩和规章制度的许可情况。奖惩的执行应该具备以下功能：奖励应该激发积极性，通过精神鼓励和实物奖励来肯定员工的表现，从而提高其工作动力。惩罚应该具有教育作用，帮助违规者认识问题、改正错误，以规劝和警戒为目的。惩罚还应该具有引导作用，不仅仅是对受罚者的教育，也是对其他员工的间接教育和引导，以明确部门对规章制度的态度。只有通过严明的奖惩制度，才能确保工作秩序的正常运转，进而提高工作的质量和效率。

在实际奖罚中，必须坚持奖罚分明、适度、不滥用的原则，以确保奖罚措施的严肃性和权威性，从而达到预期的效果。这意味着奖罚应当明确承诺、符合适度，避免过宽或过重，同时注意不要滥用奖罚，以免破坏其严肃性和权威性。

建立完善和规范的制度对于提升管理效率和经济效益至关重要。制度化管理需要严格监督和考核工作成效，而提高管理人员素质、形成稳定、合理的队伍也是必不可少的。通过有效执行制度，可以促进教材管理工作的发展，开创新的局面。通过制度的完善和有效执行，可以实现管理效率的提升、工作的发展,从而实现目标管理的新格局。

第六节 高校教材管理制度数字化改革

要实现新课程改革目标,高校部门需要提升教材管理水平,确保教材质量,贯彻落实教材管理工作,同时加大对教材研究开发的力度。当前,高校教材管理制度重视数字化改革,其旨在通过信息技术的应用,实现教材管理的现代化,提高教材建设的质量和效率,以适应新时代高等教育发展的需要。

一、高校教材管理制度数字化改革的意义

第一,数字化改革可以极大提升教材编写的质量和效率。通过建立数字化教材编写平台,编写人员可以实时共享资料、交流思想,并且利用大数据分析工具,了解学科发展的最新趋势和学生的需求,从而编写出更加符合时代要求的教材。数字化平台还可以实现教材的动态更新,及时反映学术研究的最新成果,避免教材内容的陈旧。

第二,数字化改革可以提高教材审核的规范性和透明度。通过建立数字化审核系统,可以实现教材审核的全过程管理,包括审核流程的跟踪、审核意见的记录和反馈等。这样不仅可以提高审核的效率,还可以确保审核的公正性和客观性。数字化审核系统还可以为教材编写人员提供及时的反馈,帮助他们改进教材内容。

第三,数字化改革可以促进教材评价的科学化和系统化。通过建立数字化评价系统,可以收集和分析教师和学生的使用反馈,对教材的适用性、科学性和有效性进行全面评价。这样不仅可以为教材的修

订提供依据，还可以为教材的选用提供参考。数字化评价系统还可以实现评价结果的公开和共享，提高教材评价的透明度和公信力。

二、高校教材管理制度数字化改革的策略

高校教材管理制度的数字化改革是适应现代教育发展趋势的重要步骤。随着信息技术的快速发展，数字化转型已成为提高管理效率和质量的关键。以下是实施高校教材管理制度数字化改革的常用策略。

第一，建立统一的数字化管理平台。高校需要构建一个集中的、统一的数字化管理平台，这个平台应该涵盖教材的选用、采购、发行、使用和评估等所有环节。通过这个平台，可以实现教材信息的集中存储、管理和共享，确保教材管理的透明度和可追溯性。平台还应该提供在线审批流程，简化手续，加快教材的选用和采购速度；利用大数据分析技术，可以对教材使用情况进行分析，为教材的优化和更新提供数据支持。

第二，优化教材采购流程。在传统的教材管理模式下，教材的采购往往是一个复杂且耗时的过程。通过数字化改革，可以采用电子招标和电子合同系统，简化采购流程。供应商可以通过数字化平台提交招标文件，而评审过程也可以通过平台完成，大大提高了效率；通过电子合同系统，快速生成合同，减少纸质文件的使用，降低成本，同时也便于合同的管理和维护。

第三，实现教材库存的智能管理。传统的教材库存管理往往依赖于人工记录和盘点，效率低下且容易出错。数字化改革后，可以通过引入无线射频识别技术和智能仓库管理系统，实现教材库存的实时监控和自动盘点。这不仅可以提高库存管理的准确性，还可以及时掌握库存动态，避免教材的过度积压或短缺。智能分析系统可以根据历史数据预测未来的教材需求，帮助高校做出更合理的教材采购和储备决策。

第四，提升教材发行和使用的便捷性。数字化改革还可以极大地提升教材的发行和使用便捷性。通过建立电子教材库，学生和教师可以随时随地访问和使用教材，不再受限于物理图书馆的开放时间。结合移动学习应用，学生可以在不同的设备上阅读教材，进行笔记和标记，提高学习的灵活性。对于教材的更新和修订，也可以轻松实现在线更新，确保教学内容的时效性和前沿性。

综上所述，高校教材管理制度的数字化改革是一个系统工程，需要从建立统一平台、优化采购流程、实现智能库存管理和提升发行使用的便捷性等多个方面入手。通过这些策略的实施，不仅可以提高教材管理的效率和质量，还可以更好地服务于教学和学生的学习，适应现代教育的发展需求。

第四章　高校电教教材建设与数字化管理

第一节　高校电教教材及其建设探究

一、高校电教教材的分类

电教教材根据教学大纲，利用图像和声音表达教学内容，以达成教学目标。其制作和播放涉及电声、电光、电磁等技术，属于声像教材。电教教材以电子技术为基础，通过图像和声音传达内容，可有效提升教学效果，吸引学生的注意力。

第一，听觉教材主要通过听觉传达信息，如录音带、唱片；视觉教材以视觉为主，如幻灯片、投影片；视听教材融合了视听，如电影片、电视片。综合选择合适的教材形式能提升学生学习效果，丰富教学方式，增进学生学习体验。

第二，知识教法片致力于传授知识，智能培养片旨在培养技能与智力，而思想政治教学片则专注于思想品德教育。总的来说，这些教学片按任务分为三类，有助于达成不同的教学目标。

第三，教学片按内容分类包括专题、系统和片断教学片。专题教学片针对特定内容，解决教学的重难点；系统教学片是一门学科的系列片，涵盖全面的教学内容；片断教学片由多个片段组成，用于课堂插播，加深学生对教学内容的理解。这种分类有助于满足不同教学需求，提高教学效果。

第四，按照表达方式分类，教学材料分为讲授型、图解型、戏剧型和示范型。讲授型教材将传统讲课形式移至屏幕上，可搭配形象材料作为画外音；图解型以图像和图表展示教学内容，配以旁白解说；戏剧型通过戏剧表演体现内容；示范型展示教师示范教学或实验过程，给学生提供学习榜样。这些不同类型的教学材料各有特点，能够满足多样化的教学需求，提高教学效果。

二、高校电教教材的特点

第一，视觉教材提供了扩大的图像观察，可以显示放大的实物、标本和实验，而且播放时间没有限制，制作相对简单，可作为黑板的替代品。

第二，听觉教材录取语言和声音，具备重放功能，声音放大有助于提高教育效果，并且信息传播迅速不受时间和空间限制，能够长期保存。

第三，视听教材提供了视觉和听觉信息，以逼真的方式系统呈现事物及其发展过程，清晰地展示缓慢变化和高速运动，使实物的放大或缩小更易于理解其本质。

第四，电脑软件作为机读型媒体，具备信息储存、逻辑判断、高速准确运算和自动进行功能，同时能够及时接受输入和呈现输出信息，为教学提供了更灵活、高效的工具。

三、高校电教教材的建设

电教教材是电化教育的支柱,对教育的进步至关重要。在电化教育五大建设中,电教教材建设具有关键性地位。电教教材建设不仅是电化教育的核心,也是提升教育水平的关键。应高度重视电教教材建设,并将其纳入电化教育战略规划的重要议程。

(一)电教教材建设的主要原则

电教教材建设须遵循教材原则,与文字教材相辅相成。在建设过程中需注意综合两者,以提升教学效果。

第一,电教教材与文字教材的配套是教育体系的关键环节。它们应该互相补充,形成有机整体,以确保教学内容的全面性和深度。

第二,在编制电教教材时,必须与文字教材的编制相结合,确保教材质量和任务完成。这需要由文字稿本编者、电教专业人员和教师共同参与,以充分发挥各自的专业优势。

第三,不同学科需要根据其特点选择合适的教学方式和教材形式。例如,语言教学可配备录音教材,而机械工程可使用投影教材,以最大程度地提高教学效果。

第四,当电教教材与文字教材同步发行时,应当考虑它们的互相配合和补充作用。这样可以方便教学使用,提高教学效果,并且有助于扩大电教教材的影响范围,促进教育的全面发展。

(二)电教教材建设的多元途径

电教教材的制作涉及教学要求、设备和人员等多方面因素。必须有符合教学和电化教育特点的文字稿本。制作过程需要各种电教设备的配备,如摄像机、录像机等。配套的电教人员也至关重要,包括编导、摄像、美工等。并非每个单位都能具备这些条件。根据实际情况，需要采取多种途径来制作电教教材，以确保教学需求得到满足。这意味着需要在技术、人力和财务等方面进行综合考虑，以保证电教教材的质量和有效性，进而提升教学效果。

第一，自制。单位需要拥有一定规模的电教设备和技术力量，以满足内部教学需求。在制作过程中，应紧密配合文字教材，充分考虑各种媒体的发展情况。重点制作短片，以解决教学中的具体问题为主要目标。

第二，协作。校际、企业之间可进行合作制作，通过充分发挥各自的优势和潜力，实现资源共享，节省制作时间和成本。合作制作不仅能提高效率，还能增强制作效果。

第三，委托制作和引进。对于缺乏自身制作能力的单位，可以委托外部单位进行制作，或者引进外部教材。在引进过程中，应精选适合教学内容的教材，并经过教师审定和翻译出版。这种方式既可以节省成本，又能够提高教材的适用性和质量。

（三）电教教材建设的必要措施

在电教教材建设过程中，必须全面把握多方面的关键点，以确保其顺利推进和有效实施。具体而言，有五个主要方面需要特别关注：领导支持、制订计划、落实政策、培养人才和信息交流。

第一，获得各级行政领导的支持是电教教材建设的核心要素。领导的支持不仅能够为电教教材建设营造良好的环境，还能在政策和资源上给予必要的保障。各级行政领导应重视电教团队的建设与培养，积极组建一支既具备专业技能又多才多艺的电教专业队伍。这样一支队伍能够在技术上为电教教材建设提供有力支持。为了确保电教教材建设在组织层面得到保障，还应成立专门的电教教材咨询指导机构。

此外，领导层应不断更新和充实电教设备，保证设备的先进性和配套性，从而为电教教材建设提供必要的物质保障。

第二，电教教材建设必须注重计划性，避免盲目性和分散性。制定科学合理的计划是电教教材建设的基础。必须统筹规划，使电教教材与文字教材成为一个统一的整体。在制订电教教材建设规划时，应该注重长期规划与近期计划的结合，以近期计划为重点实施内容。近期计划应以急需且适应面广的选题为主，其他次要选题为辅；选择教学中的重点和难点作为突破口，组织力量进行编制，并尽快推广使用这些电教教材，以充分发挥其优势和作用。

第三，电教教材建设的顺利进行还依赖于政策的落实。电教教材应与文字教材同等看待，严格按照国家有关政策文件进行管理和实施。参与电教教材编制工作的人员，包括编者和电教人员，常常为了改革教学方法、提高教学质量而付出大量努力。因此，有关部门应确保这些电教教材的制作成果得到应有的认可和重视，这不仅是对编者劳动成果的尊重，也是对他们教育思想、教学方法和教学经验的总结和肯定。

第四，电教教材建设需要大量专业技术人才。然而，当前许多单位虽然拥有电教设备，但缺少足够的电教专业技术人才，导致设备不能充分发挥作用。目前，从事电教教材编写和制作的人员大多没有经过系统的电教专业学习，他们的电教专业知识不够全面。特别是在面对新技术的挑战时，更需要电教专业人员不断提高自己的专业水平。因此，在现有条件下，有必要举办各种培训班或提高班，或者筹办权威的专业技术班，以提高专业人员的理论水平和技术能力，培养出更多的电教教材建设骨干力量。

第五，电教教材的信息交流是教材建设中的重要环节。为了加强电教教材的信息交流，可以定期召开电教教材的信息交流会和展播会。这样不仅能够展示最新的电教教材成果，还能促进各单位之间的经验交流。定期印发电教教材目录和内容简介，通过报道电教教材制作信息，扩大信息交流的渠道，也是非常必要的。电教教材管理部门还可以通过召开电教教材出版发行工作会议，探讨发行工作的特点和途径，从而进一步完善电教教材的管理和推广机制。

第二节 高校电教教材媒体选择与编制

一、高校电教教材媒体选择

（一）电教教材媒体选择的因素

高校在选择电教教材媒体时，应从实际出发，力求获得最佳教学效果和最高教学效率。为此，在实践过程中需要综合考虑多个因素。这些因素不仅影响教学的质量和效率，也直接关系到电化教育资源的合理利用和发展。以下是需要考虑的关键因素：

第一，电教教材拥有情况和使用的方便程度。电教设备的拥有情况及其使用的方便程度是选择电教教材媒体的基础条件。如果高校的电教设备齐全，并且配套程度较高，那么在选择电教教材媒体时就有更大的灵活性和多样性。电教设备的齐全程度不仅依赖于学校领导对电化教育的重视程度，还与学校的财力密切相关。在具体实施中，常用的电教手段主要包括投影、幻灯和录音，这些设备因其操作简便、成本较低，得到了广泛应用。随着科技的发展，录像和多媒体教材正在逐步普及。这种趋势使得更多种类的电教媒体进入了教学领域，为教师和学生提供了更加丰富的学习资源和手段。

第二，电教教材的来源情况，电教教材的来源情况也是一个关键因素。这一因素主要取决于学校对电教硬件和软件的投资比例。硬件设施的完备是基础，但电教教材的编制能力也同样重要。教师和电教专业人员的水平及其编制电教教材的能力，直接影响到电教教材的质量和数量。如果各学科的电教教材积累齐全，大多数教学内容都能提供丰富的电教教材媒体选择，那么就能充分发挥电教应有的作用。相反，如果电教教材匮乏，教学效果将大打折扣。因此，学校在投资硬件设施的同时，也应注重培养教师和电教专业人员的能力，以确保电教教材的不断更新和完善。

第三，教学内容和教学规模的需要，教学内容和教学规模的需要也是选择电教教材媒体的重要依据。在课堂教学中，媒体的选择应根据具体的教学内容、学科特点和课堂类型来决定。例如，对于一般的课堂教学和规模较小的教育活动，幻灯、投影和录音等简单、方便的媒体是较好的选择。这些媒体操作简单，成本较低，能够满足基本的教学需求。对于一些复杂的演示内容、工艺过程或精密的机械加工过程，选择录像、电影等媒体则更加合适。这些媒体能够生动、直观地展示复杂的过程，有助于学生更好地理解和掌握相关知识。随着技术的进步，目前也有插入式的电视录像片供使用，这进一步丰富了电教媒体的选择。对于大规模的教学活动，则需要选择更为先进和高效的媒体，如电影、投影电视、广播电视或卫星电视教育等。网络教育作为一种新兴的教育形式，因其覆盖面广、互动性强，也成为大规模教学的理想选择。通过网络教育，学生可以随时随地获取学习资源，与教师和同学进行交流，提高了学习的灵活性和效率。

（二）电教教材媒体的最优选择

在现代教学过程中，利用多种媒体呈现教学信息已成为一种常态。

这些媒体各具特点和功能,能够在不同的教学情境中发挥独特的作用。通过合理选择和组合各种媒体,教师可以更有效地传达知识,提升教学效果。然而,如何在众多媒体中做出最优选择,需要综合考虑多种因素。

首先,在选择电教教材媒体时,最优选择是在特定条件下能够达到的最佳结果。这不仅仅关乎教学效果,还需考虑经济效益。即在保证教学效果的前提下,如何合理选择媒体以降低成本,从而实现经济效益的最大化。经济效益的考虑包括设备费、材料费、装配费、人员费及其他开支,通常以每学时价值作为计算单位。通过科学的成本分析,可以确保在有限的预算内获得最大的教学收益。

其次,媒体选择需要根据具体的学习类型进行调整。学习行为大致可分为五类:学习事实性信息、学习对多种事物的识别能力、学习抽象的原理和概念、学习解决某种问题的程序方法,以及学习操作性的技巧。每种学习类型对媒体的需求不同,如学习事实性信息可能更适合通过视频或音频进行,而学习操作性技巧则可能需要互动性更强的模拟或实际操作软件。因此,教师在选择媒体时,必须根据教学目标确定最适合的媒体类型。

媒体选择的最优范围应遵循低成本、高效能的原则。在教学目标确定后,教师需要综合各种因素,选择最切合实际的电教教材媒体。这意味着不仅要关注媒体的教学效果,还要考虑其成本效益。例如,如果某种低成本的媒体其使用效果与高成本的媒体相差无几,那么就没有必要选择高成本的媒体。

除了以上因素,选择电教教材媒体时还应考虑本单位的现实条件。包括现有设备、经济情况等。这些现实条件决定了可供选择的媒体范围,也影响了最终的教学效果。经济效益也是一个重要的考虑因素,即以尽可能少的投入,获得最佳效果。如果某种低成本的媒体能达到与高成本媒体类似的效果,那么应优先选择低成本媒体。

此外,没有一种万能的媒体能够适用于所有的教学情境。每种媒体都有其特定的适用范围和优势,教师应根据具体的教学活动选择最合适的媒体。例如,某种媒体可能在讲解抽象概念时效果显著,但在教授操作性技巧时效果不佳。因此,教师需要根据具体的教学内容和目标,灵活选择和调整媒体。

最后,使用多种媒体的学习效果往往优于单一媒体。这是因为教学过程包括多个环节和步骤,每个环节有不同的教学要求。通过组合使用多种媒体,可以更好地满足这些不同的教学需求,从而提升整体教学效果。例如,在教授复杂概念时,可以先通过视频进行直观演示,然后通过互动软件进行练习和巩固,从而达到更好的学习效果。

二、高校电教教材的编制

(一)电教教材的编制原则

高校电教教材的编制是一项系统工程,需要遵循特定的原则,以确保教材能够有效服务于教学目标,提升教育质量。电教教材不仅共享文字教材的一般编写原则,还具备其独特的要求,形成了一套教育性、科学性、艺术性、技术性和经济性的编制原则。以下是对这些原则的详细说明:

第一,教育性原则。教育性原则是电教教材编制的核心。电教教材的设计应促进学生德、智、体、美的全面发展。这意味着教材内容不仅要传授知识和技能,还要关注学生品德的培养、智力的开发、身体的健康以及美育的熏陶。电教教材的选材必须有明确的教学目的和明确的教学对象。所有材料的选择都应围绕教学大纲,针对教学中的重点、难点或紧急需求进行设计。电教教材要充分利用电教手段的特长,提供丰富的感性材料，帮助学生更好地理解和掌握知识。教材的结构安排和表现方法应符合教学原则、教学方法和学生的认识规律，以便最大程度地发挥其教育作用。

第二，科学性原则。科学性原则要求电教教材的内容具有典型性、真实性、准确性和逻辑性。教材内容的选择应当能够代表所讲授知识的核心和典型特征，并且信息必须真实准确，不得有任何误导或错误。材料的组织需保持严密的逻辑性，确保学生在学习过程中能够循序渐进地掌握知识。在运用模拟事物的图表、模型、动画和特技等视觉辅助手段时，必须保证其准确无误，并能真实反映科学的客观规律和原理。技术操作和示范表演也需确保正确无误，符合既定标准。教材中的图像、声音、色彩等元素必须满足科学性要求，避免因过度追求视觉或听觉上的美感而牺牲内容的真实性。媒体的选择和组合应基于最优化原则，以确保教学效果的最大化。

第三，艺术性原则。艺术性原则强调电教教材在视觉和听觉上的表现力。画面形象应真实、生动且富有美感，设计巧妙，能够吸引学生的注意力并激发他们的学习兴趣。画面的构图需合理、美观、清晰、匀称，富于变化，组接流畅，使学生在观看过程中能够保持视觉上的舒适和愉悦。光线和布光的安排要适度，色彩鲜明且色调和谐，营造出良好的视觉效果。配音和配乐需要富有感染力，声画和谐，能够有效地传达教材内容，增强其表现力和吸引力。

第四，经济性原则。经济性原则旨在提高电教教材的性价比和使用效率。应经济、合理地选择媒体，确保其使用价值最大化。选题要有较强的通用性，使教材具有广泛的使用范围和较大的发行量。合理利用人力、财力和物力，周密计划，节约时间，缩短制作周期，降低制作成本，是实现高效经济性的关键。电教教材的制作质量必须得到保证，以提高其使用效率。在购置电教教材时，也应注重质量和适用性，确保所购教材能够满足教学需求并长期使用。

在高校电教教材的编制过程中，这些原则应贯穿于选题、编写、制作、评审等各个环节。教育性原则确保了教材的教学目标和教育价值，科学性原则保证了内容的严谨和准确，艺术性原则提升了教材的吸引力和表现力，技术性原则确保了教材的技术质量，而经济性原则则使得教材的制作和使用更为高效和经济。通过综合应用这些原则，高校电教教材才能真正发挥其在现代教育中的重要作用，为学生的全面发展提供坚实的支持。

（二）电教教材的技术质量标准

电教教材的技术质量标准因其媒体不同而有所差异。以下分别阐述了幻灯、投影教材，录音、广播教材，电视教材，以及录像磁带的技术质量标准。

第一，幻灯、投影教材。对于幻灯和投影教材，其技术质量标准有四个主要方面。一是选材必须准确，并且要适合幻灯和投影的表现手段。这意味着所选内容应当能够通过视觉效果清晰、直观地传达给观众。二是画面的构图需要合理、清晰，色彩效果良好，并且要突出主体内容。这有助于增强观众的视觉体验，使其更容易理解和记忆教学内容。三是幻灯和投影教材的构思应该新颖，工艺设计要精巧，同时还需考虑到制作成本的控制，使得制作成本低廉但不影响质量。四是教材在教学时应操作方便、灵活，动静搭配得当，使得教学过程更加生动有趣，吸引学生的注意力。

第二，录音、广播教材。录音和广播教材的技术质量标准主要集中在三个方面。一是选材需要具有很强的针对性和目的性，确保内容紧密围绕教学目标，能够有效地传达知识。二是读音必须规范、流利，节奏和重复要适度，朗读者的情绪应该符合教育教学内容的基调。这一点对于语言类教材尤为重要，因为准确的发音和适当的语调有助于学生的学习和模仿。三是音乐和音响的幅度不能过荷或失真，要能够模拟自然、真实的声音效果，确保音质清晰，并且背景无杂音。这对于提高教材的听觉效果，增强学习体验至关重要。

第三，电视教材。电视教材的技术质量标准包括五个方面。一是画面主体需要突出，构图合理，镜头运用流畅，这样才能吸引观众的注意力，提升观看效果。二是镜头组接要符合相关原则，确保画面切换自然，避免让观众产生不适感。三是动画和特技的运用应当合理，既不能喧宾夺主，又要起到辅助教学的作用。四是解说需要口齿清楚，声画同步，音响的运用也应当合理，使得观众能够清晰理解解说内容。五是字幕要工整，大小适中，字体和符号规范，这样才能确保字幕易于阅读，帮助观众更好地理解画面内容。

第四，录像磁带。录像磁带的技术质量标准较为详细，共有十个方面。一是磁带的同步性要良好，图像不能出现抖动或闪色现象。二是图像必须清晰，确保观众能够清楚地看到画面内容。三是信噪比应大于45dB，以保证图像信号的质量。四是色调要一致，彩色还原应基本正确，避免色彩失真。五是黑色电平应全片一致，无蒙雾现象，确保黑色部分的显示效果。六是亮度电平也要全片一致，对比和亮度比例需合理，避免画面过亮或过暗。七是无白色过饱和及严重拖尾现象，确保图像质量。八是磁带不能受到外界杂波、噪音的干扰，保持信号纯净。九是音响效果要好，无突变、失真，音量适当。十是声道分配要符合标准，确保声音的立体效果和方向感。

（三）高校不同电教教材的制作

在高校电教教材制作中，根据不同的教育形式需求，选择合适的媒体类型至关重要。这一选择应当能够充分展现不同教学层次、专业领域、课程内容以及教学对象的特点和要求。因此，制作电教教材需要综合考虑多方面因素，以达到最佳的教学效果。

1. 幻灯、投影教材的制作

高等教育机构的电教教材主要分为几种类型，其中最常见的是幻灯和投影教材。这类教材制作简便，易于掌握，能够就地取材，使其在价格上便宜且见效快，极易普及推广。幻灯和投影教材能够提供大量色彩鲜明、逼真的静态视觉形象，且可以根据需要灵活控制时间。这些特点使其能够有效配合传统的教学方法，不仅可以缩短教学时间，还能够丰富教学内容，提高整体的教学效果。

在具体的制作过程中，幻灯和投影教材有多种制作方法可供选择。摄影法是其中一种常见的方法，使用照相机拍摄成正片，可使用黑白或彩色胶片，以此来获取教材所需的图像。绘图法也十分常见，使用墨汁或透明水彩来绘制图形、文字和符号，这些方法可以细分为墨绘和彩绘两种不同的技法。洗漆法采用油漆喷涂或书写图形或文字，再涂上颜色，用香蕉水将油漆擦掉，从而形成有颜色的底色和白色图形或文字。复印法通过静电复印机将原稿复印到胶片上，再经过着色成为彩色复印片。

2. 录音教材的制作

录音教材的制作涉及录音技术的应用和教育资源的开发，是一项利用声音信息进行教学和学习的重要工作。录音技术是一种将声音信息记录在特定载体上，并能够实现对声音信息重复播放的技术。它通过不同的材料和技术实现，主要包括机械录音、光学录音和磁性录音三大类。①机械录音。使用唱片等载体进行音频信息的存储和传递。②光学录音。通常在电影胶片中使用，用于记录和播放影像的音频部分。③磁性录音。以磁带为载体，广泛应用于音乐录制、电影制作和教育教材制作等领域。

录音教材作为教学工具，以磁带和唱片为主要物理载体，为学生提供了听觉学习材料，大大丰富了教学资源的形式和内容。录音教材在教育教学中具有以下几个显著特点：①可听性强。录音教材提供音频形式的教育信息，能够长期保存并反复使用，对于学生的听觉学习提供了有效的支持。②信息密度高、体积小。相比于同样面积的纸质教材，录音磁带记录的信息密度要高出几十倍，体积则远远小于文字教材，便于存储、传播和使用。③使用灵活。录音教材既可供个人自学使用，也适合于集体学习。它还可以通过有线或无线广播的形式，使更多的人能够接触到教育资源，具有广播传播的优势。④便于复制和快速发行。录音磁带可以方便地进行大量复制，并且发行周期通常短于文字教材，使得教学资源的更新更为及时。

磁带录音教材的制作方法主要包括转录和自制两种方式，每种方式都有其特定的应用场景和操作步骤。

第一，转录是制作录音教材的一种简单有效的方法，适合于从现有音频资料中提取所需内容或通过编辑加工生成新的教材。①从现有音频资料中提取，将广播、电影、电视节目中的声音信息记录在磁带上，或将其他电教资料的音频信息进行编辑加工，生成新的录音教材。②编辑加工。编辑加工过程中，需要对录音素材进行试听核对，确保内容正确、声音清晰、结构完整。编辑加工后的教材经过审定后即可进行复制和出版发行。

第二，自制录音教材通常需要更多的制作步骤和技术支持，主要包括话筒录音和现场采访录音两种方式。①话筒录音。通常在专门的录音室内进行，需要请专人播讲或使用专门编写的录音稿本朗读。这种方法适合于录制外语、语文、音乐等录音教材。②现场采访录音。将报告会上的讲演、学术报告、专题讲座等录制成现场录音。这种方法能够捕捉到现场的真实氛围和讲话内容，使教材更加生动和实用。

第三，自制录音教材的质量受多种因素影响，包括录音声源的质量、录音场所的环境、录音器材的选择和录制者的技术水平等。

第四，编辑加工是录音教材制作过程中非常关键的一步，它直接影响到教材的质量和使用效果。编辑加工主要包括几个环节：①试听核对。将已录音的全部素材集中起来，对照录音稿本或录音教案，对录制完成的磁带进行播放试听，检查有无遗漏、改动或增删。②补录与剪接。如果发现漏录或错录之处，需要进行补录，并进行剪接处理。在单声道和立体声录音中，剪接方法有两种：一是使用胶条或胶水将前后两段录音粘接在一起；二是通过复制法将需要的部分转录到另一盘磁带上，使两者衔接自然。③时间间隔调整。在录音教材的各课之间或不同讲话之间，通常需要留有一定的时间间隔，以便使用者有足够的时间理解和准备下一段内容。如果时间间隔过短，可能会使使用者误认为后者是前者的继续。④配音。配音是录音教材中一个重要的环节，通常需要为教材配上开始曲、间隔曲或结束曲等音乐，以增强教材的整体感和吸引力。同时，为主要内容配音响效果或解说词，使内容更为生动和深入。

3. 电视教材的编制

电视教材的编制是促进电教事业发展的核心工作，同时其方法也适用于电影教材的制作。这项工作的关键在于选题的确定、编导知识的应用以及基本方法的实施。

（1）确定选题是电视教材编制的第一步，也是最为关键的一步。由于电视教材的制作需要大量的人力物力投入，制作成本也相对较高，因此在选题时应特别慎重。选题的科学性和合理性，需要与用户的实际需求以及教学改革的方向相匹配。一般来说，首先通过调查用户群体中的教学急需，文字教材编审组织可以根据教学改革的需要提出配套的选题建议。接着需要征求专家、教师以及电视教材导演的意见，他们的专业知识和经验能够为选题的最终确定提供重要的支持。在电视教材编审组织中进行技术论证也是必不可少的步骤，这有助于评估选题的可行性和实施方案。最终在选题确定之后，可以制定详细的教材编制计划，包括教材的名称、适用范围、片长、完成时间、主编、主讲（对于课堂讲授式电视教材需聘请主讲）、制作单位和导演等内容。

（2）在确定了选题之后，编写提纲是下一步的关键工作。编写提纲前，需要清楚地阐明教材的题目、适用对象、教材时间（即电视教材的长度）、结构以及主要内容等方面的内容。编写提纲不仅是文字稿本编写的依据，也是电视片审查的重要依据。通过提纲，可以明确每一集或每一段视频的主题和内容安排，确保整体教学内容的连贯性和完整性。此外，提纲的制定也有助于在教材制作的早期阶段发现并纠正可能存在的问题，确保最终的教育效果。

（3）文字稿本是用文字和插图来详细阐述教材的内容和制作方法的文稿。根据制作流程，文字稿本分为文字稿本和分镜头稿本。

文字稿本的编写者通常是任课教师或专业的文字教材编者，因为他们对教学大纲、教学内容和方法非常熟悉，能够确保文字稿本与文字教材配套使用。某些实践性较强的文字稿本，如反映产品生产过程或操作技术的稿本，也可以由具备丰富实践经验的工程技术人员编写。文字稿本的表达形式需要根据电视教材的类型和表达方式进行选择。一般可以分为讲稿式、教案式和声画式三种形式。讲稿式适用于讲授型的电视教材，类似于教师的讲课内容；教案式则以教案的形式编写，包括教师的提问、学生可能的回答、演示和板书等。声画式文字稿本则是图解型、示范演示型和表演型教材所必需的，其中又分为对应式、穿插式和混合式。

声画式文字稿本的对应式编写方法是将画面与解说词分别列在一页纸的两侧,每组画面都有对应的解说词。穿插式则是将画面和解说词分段写在同一页上,每组画面后紧接相应的解说词,而混合式则将画面与解说词混合在一起书写。声画式文字稿本一般采用对应式,因为这种方式能够清晰地展示画面与解说词之间的对应关系,有利于制作过程的流畅进行。

(4)分镜头稿本在电视教材制作中扮演着至关重要的角色,它由专业的电视导演编写,旨在将原有的文字稿本转化为视觉化的电视语言,以确保最终成品能够有效传达教学信息并吸引学习者的注意力。以下是分镜头稿本的关键要素及其详细解释:

第一,镜号(镜头号码)。每个镜头都有一个唯一的序号,用于标明其在整个电视教材中的顺序。

第二,机号。标明使用的摄像机号码。在电视录制过程中,通常会使用多台摄像机,分镜头稿本需要明确指定每个镜头由哪台摄像机来拍摄。

第三,景别。描述了镜头的大小和视角,主要由机位和被摄对象的距离以及使用的镜头焦距决定。主要的景别包括远景、全景、中景和特写,每种景别能够展示不同的拍摄效果,有助于传达不同的画面感受和情感表达。

第四,技巧。包括镜头运动、拍摄角度和镜头组合方法。镜头运动方法包括推(向前移动镜头)、拉(向后移动镜头)、摇(镜头左右移动)、移(镜头左右移动但不移动主体)、跟(主体运动时镜头随之移动)、俯(镜头向下倾斜)和仰(镜头向上倾斜)等。镜头组合方法包括切入和切出、淡出和淡入、化出和化入以及叠印等。

第五,时间。每个镜头的长度,通常以分、秒为单位来计算。这决定了镜头在教学节目中的持续时间和节奏感。

第六，画面内容。对每个画面进行具体、形象的描述，包括镜头运动技巧和组合技巧的说明。有时还需要包括动画的简要设计、重要场景的安排和构图的草图，以便摄制组配合和工作。

第七，解说词。针对每组画面配音的解说内容，用于帮助观众理解和理解画面中的信息和教学目的。

第八，音乐。使用的音乐乐曲及其起止位置，用来增强节目的氛围和情感表达。

第九，音响效果。用来增强环境气氛和真实感的效果声音，通常包括自然环境的声音、特效声音和背景音乐等。

第十，备注。附加说明，如拍摄地点、特殊要求等，有助于制作团队在整个制作过程中更好地组织和安排工作。

分镜头稿本的撰写遵循一定的书写规范和格式，以便导演和制作团队根据不同节目和栏目需求进行编写和执行。它是制作团队准确把握电视教材整体结构和视觉表现的重要工具，确保最终成品在视觉上和教学上的效果达到预期目标。

（5）电视教材的制作是一项复杂而繁琐的工作，涉及多个人员、各种设备以及不同的现场条件。整个制作过程一般可以分为导演阶段、录制准备阶段和制作过程阶段三个主要阶段。

第一，导演在电视教材制作中扮演着核心角色。一个优秀的导演不仅需要具备电视制作的技术技能和艺术修养，还需要具备一定的教学经验和专业理论知识。导演负责组织和协调摄制工作的全过程，是制作中的主要创作人员之一。他们不仅要指导拍摄工作，还要与文字稿本编者密切配合，确保最终的电视教材能够准确、生动地表达教学内容。

第二，录制准备阶段是制作过程中的重要准备工作。这个阶段包括建立摄制组，其中包括摄像、录音、灯光、美工等专业人员。摄制组需要仔细研读分镜头稿本，明确拍片的目的和各自的任务。导演需要制订详细可行的工作计划，并且编制预算经费，严格核实每个预算项目，以确保制作过程中的资金使用有效而有序。

第三，制作过程阶段是整个电视教材制作的核心部分，通常分为拍摄、编辑和配音三个主要阶段。在拍摄阶段，摄制组根据分镜头稿本的要求，逐一进行拍摄，包括外景和演播室内的拍摄工作。这个阶段的目标是通过拍摄获得原始素材，为后续的编辑提供基础。编辑阶段采用电子编辑方法，按照分镜头稿本的创作意图和计划，将不同录像磁带上的素材编辑成一部完整的电视教材。电子编辑包括组合编辑和插入编辑两种方式，以确保画面和声音的连续性和平滑性。编辑的目的是根据分镜头稿本的顺序和要求，逐一将各种素材信号组合在一起。配音阶段是电视教材制作的最后一个阶段，包括解说、效果声和音乐。解说对于电视教材而言是至关重要的，必须与画面内容同步，并准确地解释、补充教学内容。效果声的作用在于增强画面的真实感和感染力，而音乐则可以加强节奏感和吸引学生的注意力，同时还可以与解说、效果声相协调，形成一个有机的整体。

电视教材的制作是一项集体创作性的复杂工作过程，其中每个阶段都需要精确的计划和协调。从导演的全面技能要求，到摄制组的精细准备，再到编辑和配音的精细操作，每一个步骤都对最终的教材质量有着直接的影响。只有在每个阶段都做好充分的准备工作，才能确保最终的电视教材达到预期的教学效果。

4. 电影教材的制作

电影教材作为现代教学中广泛采用的一种教学媒体，是通过电影的方式根据教学要求制作的学习材料。与传统的电视教材相比，电影教材具有更大的银幕和更清晰的图像，这使其适合大规模学生群体观看，能够在视觉上给予学生更多的满足，同时也能够在情感上产生更强的共鸣和情感反应。

制作电影教材的过程相对复杂，需要较长的制作周期和复杂的工艺流程。一旦电影教材制作完成，修改起来就比较困难，因此在制作过程中需要特别慎重。制作流程包括选题确定、文字稿本的编写、电影分镜头稿本的制作、摄制计划的制订、拍摄录音、剪辑洗印加工等多个步骤，每个步骤都需要精确的协调和执行，以确保最终的教学效果。

电影教材根据使用的电影胶片规格的不同分为几种类型：35mm、16mm、8.75mm 和 8mm。每种规格的电影胶片都有其特定的用途和适合的教学场景，从而能够更好地满足不同教学需求。

相较于电视教材，电影教材的制作过程更为复杂，要求更高，制作周期也更长。通常情况下，制作电影教材需要专业的团队和设备来完成，教学单位往往无法独自完成这一任务。因此，电影教材的制作不仅仅是一项技术工作，更是一种艺术和教育的结合体，旨在通过电影的形式传达和强化教学内容，以达到更好的教学效果和学习体验。

第三节　高校电教教材审查、发行与收集

一、高校电教教材审查

高校电教教材的审查过程可以分为两个阶段：首先是文字稿本的审查；其次是电教教材的成片（或带）审查。这一分阶段的审查机制确保了教材从内容构思到最终成品的质量都能够得到严格把控，从而提升电教教材的整体教学效果和使用价值。

电教教材的制作涉及文字稿本和分镜头稿本之间的密切关系。文字稿本作为编写分镜头稿本和制作电视教材的基础，其内容和质量直接影响着最终电教教材的内在质量。尽管分镜头稿本是文字稿本的再创作，主要是为了形象化表达文字稿本的内容，但并不进行根本性的创作，而是按照文字稿本的原意进行拍摄。

文字稿本的质量对电教教材的重要性不言而喻。如果文字稿本所表达的教学内容未能达到教学要求，即使后续的制作工作再精良，最终的电教教材也将无法满足教学需求。因此，对文字稿本的审查显得尤为重要。审查工作应由相关部门组织有关学科的专家、教师或工程技术人员进行，可以通过召开审查会或聘请主审人的方式进行。审查过程中，需根据教学大纲和编写提纲认真全面地阅读稿本，重点评估其政治性、科学性、教育性等方面，并针对教学内容、表达方式是否达到要求以及能否投入拍摄等质量问题提出书面修改意见，并对稿本作出恰当的评价。

完成电教教材的文字稿本后，需经过严格的审定程序才能投入使用。为了确保电教教材的质量，审定工作实行编审分离的原则，由电教教材评审组织进行审定。教育部设立了全国高等教育电教教材审定委员会等审定机构，负责审定广播电视教育全国统开课程教材和其他电教教材。审定组织应全面评议电教教材的教育性、科学性、技术性和艺术性等方面，提出内容和技术质量方面的修改意见。综合评审结论通常分为优秀、良好、一般、较差四种，依据评审结果决定是否需要进一步修改和发行。

根据评审结果，对质量优秀或良好的电教教材一般不加修改或稍加修改即可发行；对一般质量的电教教材，需要认真进行修改后才能发行；对于质量较差的电教教材，需要根据评审意见进行大幅修改和补充，提高其质量后还需进行复审。复审时应重点审核初审时提出的修改意见，确保电教教材达到规定的质量要求。

总之，电教教材的制作和评审过程是一个严格的体系，旨在保证最终教材的教学效果和质量。从文字稿本的编写到最终教材的发行，每一个环节都需要各方的精心配合和严谨审查，以确保教育资源的高效利用和教学效果的最大化。

二、高校电教教材发行

高校电教教材的发行工作由相关部门负责，其机制和传统的文字教材有所不同。传统文字教材的发行网络主要由出版社、新华书店、图书发行所以及教学单位的教材部门共同构成，这些渠道确保了文字教材的广泛分发和供应。电教教材的发行则通过音像出版社、音像服务部到教学单位的特定渠道进行，这种专门化的模式更有效地保证了电教教材能够准确、快速地到达使用单位，同时便于跟踪和管理教材的流通情况。

电教教材的专业渠道发行不仅确保了广泛传播，还满足了高校教学的特定需求，有助于促进教育教学资源的均衡配置和高效利用。这种机制在教育信息化的背景下显得尤为重要，为教学和学习提供了现代化的支持。

电教教材的出版发行必须严格遵守国家有关文件法规。国家批准的音像出版单位，如中央音像教材出版社、各地区教育音像出版社等，有权公开出版发行电教教材。这些单位经过严格的审批程序，确保了教材的质量和内容的合法性。

对于由部委组织编制的电教教材，如果是为了配合文字教材而编制，需经国家新闻出版署批准后方可组织发行。这一步骤不仅保障了教材的学术性和教育性，也有助于统筹教育资源，推动教育教学的全面发展。

高校电教教材的发行机制是一个复杂而严密的过程，涉及多个专业部门和审批流程，以确保教育资源的科学配置和有效利用，从而更好地支持和促进高等教育的发展和教学质量的提升。

三、高校电教教材收集

电教教材的收集对于高校电教教材建设和电化教育工作至关重要。它不仅是建设教育信息化的基础，更是确保教学质量和效果的重要保障。各级教育部门应特别重视电教教材的收集工作，务必确保教材适应本学科、本专业、本系统或本单位的需求。

电教教材的类型多样，包括录音、录像、投影和幻灯等多种媒体形式。这些教材不仅能够丰富教学内容，还能通过不同的媒体形式达到不同的教学效果。因此，在进行电教教材收集时，需要根据具体的教学要求、设备条件以及经费限制，尽可能地全面收集和利用各类电教资源。收集电教教材的方法主要包括购买、复制、借用和交流。

第一，购买是获取高质量教学录音、录像、投影和幻灯教材的主要途径。这些教材通常由教育音像出版单位出版发行，质量经过专业的审定，适合用于正式的教学活动。

第二，利用文化部门和生产科研单位的电视录像资料、电影资料和照片等素材，通过复制加工成电教教材，可以事半功倍地扩充教材资源。对于暂时不能购置的教材，可以建立出版目录，通过租用或借用的方式获取所需教材。教学单位之间还可以通过转录自制的电教教材进行交流，互通有无，不仅满足教学需求，还可以有效减少教材制作的成本。

第三，获取信息资源的最佳方式是通过地方资源中心和网络平台。这些平台可以提供大量的信息资源，为电教教材的收集提供了便利条件。与音像教材出版社、电教教材编制单位和发行部门建立固定的合作关系，及时关注电教杂志、刊物和教育报刊上的出版信息，也是保证教材获取及时性和质量的重要途径。

第四，为了增加电教教材收集的效率和质量，需要广泛发动教师的参与。教师们可以积极参与电教教材的甄选、评估和推广工作，以确保收集到的教材能够真正服务于教学实践，提高教学质量和效果。

电教教材的收集工作不仅是教育信息化的重要组成部分，也是提升教学质量和促进教学创新的有效手段。通过多渠道、多形式地收集和利用电教教材，可以更好地满足教学需求，推动教育现代化进程的不断深化和扩展。

第四节 高校电教教材的数字化管理策略

随着科技的快速发展，高校教育领域正在经历一场数字化革命。高校电教教材数字化管理是顺应现代教育发展趋势的重要举措。通过积极应对挑战，采取有效的数字化管理策略，高校可以进一步提升教育质量，满足学生和教师对现代化教学的需求。

一、高校电教教材数字化管理的基础建设

随着信息技术的不断发展，高校电教教材的数字化管理已经成为教育领域的重要课题。建立一个高效、稳定的数字化管理系统，对于高校的教学和研究工作具有重要意义。

（一）数字化管理平台的构建

1. 平台架构与功能设计

在高校电教教材的数字化管理中，平台的架构与功能设计是基础环节之一。一个完善的数字化管理平台应当具备灵活的架构，能够满足不同类型的电教教材和资源的管理需求。在功能设计上，平台应具备以下方面的功能：一是资源上传与下载：用户可以方便地将现有的电教教材资源上传至平台，并从平台下载所需的教材。二是分类与检索：平台应提供有效的资源分类和检索功能，用户可以通过关键词、主题、类别等多种方式快速查找所需资源。三是用户权限管理：为了保障资源的安全和合法使用，平台应具备完善的用户权限管理功能，限制不同用户对资源的访问权限。四是数据统计与分析：平台应能够对资源的使用情况进行统计和分析，为教学和研究提供数据支持。

2. 技术支持与安全保障

在数字化管理平台的建设中，技术支持与安全保障是至关重要的环节。技术支持主要包括对平台的维护和更新、用户的技术咨询等。在安全保障方面，平台应采取多层次的安全措施，确保数字化资源的安全和用户隐私的保护。一是数据加密：对平台内的数字化资源进行加密处理，防止数据泄露。二是身份认证：通过多种身份认证方式，如密码、指纹识别等，确保用户的合法性。三是安全审计：定期对平台进行安全审计，及时发现和处理潜在的安全漏洞。

（二）数字化资源的整合与分类

数字化资源的整合与分类是高校电教教材数字化管理的重要内容之一。通过将现有的电教教材进行数字化转换，以及新增资源的数字化制作与收录，可以丰富平台的资源库，提升教学和研究的质量。

1. 现有电教教材的数字化转换

对现有电教教材进行数字化转换是数字化管理的重要步骤之一。该过程包括以下方面：一是资源扫描与转换，即通过扫描现有的纸质电教教材，将其转换为数字化形式，如 PDF、音频或视频文件。二是内容整理与编辑，即对转换后的数字化资源进行整理和编辑，确保内容的完整性和准确性。三是元数据添加，即为数字化资源添加元数据，如标题、作者、出版日期等，便于后续的检索和分类。

2. 新增资源的数字化制作与收录

在数字化管理平台中，新增资源的数字化制作与收录是不断丰富资源库的重要方式。高校应积极利用现代化技术，将新增的电教教材资源进行数字化制作，并及时收录到平台中。该过程主要包括以下步骤：一是数字化制作，即采用先进的设备和技术，将新增的电教教材资源制作成高质量的数字化形式。二是质量检测与优化，即对制作好的数字化资源进行质量检测，确保资源的清晰度和可用性，并根据需要进行优化处理。三是收录与分类，即将制作好的数字化资源按照一定的分类标准收录到平台中，方便用户的查找和使用。

二、高校电教教材数字化管理的实施方法

为了实现电教教材的数字化管理目标，需要制定规范与标准，强化资源的更新与维护，并提升电教教材的使用效率与效果。

（一）制定数字化管理规范与标准

制定明确的数字化管理规范与标准是高校电教教材数字化管理实施的关键步骤。规范与标准有助于保证数字化管理工作的统一性和规范性，确保数字化资源的质量和可用性。

1. 管理流程与操作指南

为了确保电教教材数字化管理的高效实施，需要制定详细的管理流程和操作指南。这些流程和指南应当涵盖数字化资源的制作、收录、更新、维护以及使用等各个方面。管理流程应明确各个环节的责任分工和工作步骤，确保各项工作有序进行。同时，操作指南应详细说明数字化资源管理的具体操作方法，包括资源上传、分类、检索、下载等操作流程，方便用户快速上手。

2. 数据格式与存储标准

数据格式与存储标准的制定对于数字化管理工作至关重要。高校应根据实际需求和行业标准，确定电教教材数字化资源的格式，如PDF、MP4、MP3等，确保数据的通用性和兼容性；制定合理的存储标准，确保数字化资源在存储过程中不受损坏和丢失。存储标准应涵盖存储介质、备份策略、数据容灾等方面，确保数据的长期保存与安全。

（二）强化数字化资源的更新与维护

数字化资源的更新与维护是保持数字化资源库活力和质量的重要环节。高校应制定相关机制，定期更新资源，并采取有效的维护与修复措施。

1. 定期更新与审核机制

为了保证数字化资源库的及时性和实用性，高校应建立定期更新与审核机制。通过定期收集新增资源，并对现有资源进行审核和更新，确保资源的时效性和准确性。审核机制应明确资源的审核标准和程序，如内容的合法性、质量的合规性等，以保证资源的质量。

2. 资源维护与修复措施

数字化资源在使用过程中可能会出现损坏、错误或过时的情况。为了保证资源的质量和可用性，高校应制定资源维护与修复措施。资源维护措施包括定期检查资源的完整性和可用性，对发现的问题及时修复。资源修复措施包括内容修订、格式转换、质量优化等，确保资源始终保持高质量状态。

（三）提升电教教材的使用效率与效果

提升电教教材的使用效率与效果是高校数字化管理的重要目标。通过提供便捷的资源检索与获取方式，以及支持互动学习和个性化教学，能够最大程度地发挥电教教材的作用。

1. 便捷的资源检索与获取方式

便捷的资源检索与获取方式是提高电教教材使用效率的关键。高校应建立友好的用户界面，提供多种检索方式，如关键词检索、分类检索等，使用户能够快速找到所需资源；提供多样的获取方式，如在线浏览、下载等，方便用户使用资源。

2. 互动学习与个性化教学支持

互动学习和个性化教学是提升电教教材使用效果的重要途径。高校应利用数字化技术，提供支持互动学习的平台，如在线讨论、问答等，促进学生之间的交流与合作；通过分析用户的学习行为和偏好，为学生提供个性化的教学内容和建议，提高学习效果。

三、高校电教教材数字化管理的优化路径

高校电教教材数字化管理的优化路径是进一步提升数字化管理效率和教学质量的关键。通过利用大数据与人工智能技术优化管理，创新电教教材的内容与形式，高校可以更好地适应现代教育需求，为师生提供更加高效、便捷的教学资源与服务。

（一）利用大数据与人工智能技术优化管理

大数据与人工智能技术在高校电教教材数字化管理中具有重要的应用价值。通过分析用户行为和资源使用情况，借助智能技术为用户提供个性化的学习体验，提高教学效率。

1. 用户行为分析与资源推荐

大数据技术可以帮助高校对用户行为进行深入分析，从而了解用户在使用电教教材资源时的偏好和需求。例如，分析用户的学习习惯、资源访问频率、学习路径等信息，识别出常见的学习模式和偏好。基于这些分析结果，高校可以为用户推荐最相关的学习资源，提高学习效率。大数据还可以帮助高校发现资源库中的热点和冷门资源，优化资源的管理和分配。例如，通过分析资源的使用频率和用户反馈，发现哪些资源最受欢迎，哪些资源需要改进，从而调整资源的分类和管理策略。

2. 智能检索与个性化学习路径规划

人工智能技术可以为用户提供更加智能化的检索和学习路径规划。通过自然语言处理和机器学习技术，系统可以理解用户的检索意图，提供精准的检索结果。基于用户的学习历史和偏好，系统可以为用户定制个性化的学习路径，提供合适的学习资源和建议。智能检索与个

性化学习路径规划可以帮助用户更高效地获取所需资源,提高学习效果。这些技术还可以帮助高校更好地了解用户需求,改进教学和资源管理策略。

(二)创新电教教材内容与形式

电教教材内容与形式的创新是提高教学质量的重要途径。通过融合多媒体与交互元素,开发线上线下相结合的教学模式,高校可以为学生提供更加丰富、立体的学习体验。

1. 融合多媒体与交互元素

在电教教材内容中融合多媒体与交互元素是提高教学效果的重要方法。多媒体元素如视频、音频、动画等,可以帮助学生更好地理解和记忆知识点。交互元素如在线测试、案例讨论、模拟实验等,可以激发学生的学习兴趣,促进主动学习。通过融合多媒体与交互元素,电教教材不仅可以提供更加生动、直观的教学内容,还可以增强学生的参与度和学习体验,提高教学质量。

2. 开发线上线下相结合的教学模式

线上线下相结合的教学模式是现代教育的重要趋势。高校可以利用数字化技术,开发线上线下结合的教学模式,为学生提供灵活多样的学习方式。例如,在线课程可以与线下课堂相结合,学生可以在网上预习课程内容,然后在课堂上与教师和同学进行深入讨论。这种教学模式不仅可以提高学生的学习自主性,还可以促进师生之间的互动与交流。线上线下相结合的教学模式还可以提高教学资源的利用效率,降低教学成本。

四、高校电教教材数字化管理的保障体系

高校电教教材数字化管理的保障体系是确保数字化管理工作顺利进行的重要基础。通过加强组织领导与政策支持，提升管理人员与教师的信息素养，高校可以建立起强大的保障体系，推动电教教材数字化管理的持续发展。下面将围绕这些方面展开深入探讨。

（一）加强组织领导与政策支持

加强组织领导与政策支持是高校电教教材数字化管理保障体系的关键。通过成立专项工作小组，制定相关政策与激励机制，高校可以为数字化管理工作提供坚实的组织保障和政策支持。

1. 成立专项工作小组

为了确保电教教材数字化管理工作的顺利开展，高校应成立专项工作小组，负责数字化管理的统筹规划和实施。专项工作小组应由相关领域的专家、教师、技术人员等组成，具备丰富的教学和数字化管理经验。工作小组的职责包括制订数字化管理规划，监督各项工作进展，协调各部门之间的合作，确保数字化管理工作的有序进行。通过成立专项工作小组，高校可以有效整合资源，推动数字化管理工作的整体协调和推进。

2. 制定相关政策与激励机制

为了保障数字化管理工作的持续推进，高校应制定相关政策与激励机制。在政策方面，应明确数字化管理工作的目标、要求和标准，指导各项工作的开展。政策应包括对数字化管理工作的监督和考核，确保工作质量和效率。在激励机制方面，高校可以通过奖励和认可的方式，鼓励管理人员和教师积极参与数字化管理工作。例如，对在数

字化管理工作中表现突出的人员给予表彰和奖励，激发工作积极性和创造性。

（二）提升管理人员与教师的信息素养

1. 开展数字化管理培训

为了提高管理人员的信息素养，高校应开展数字化管理培训，帮助管理人员掌握数字化管理的基本技能和知识。培训内容应包括数字化管理的平台操作、数据处理与分析、数字化资源的分类与检索等。通过系统的培训，管理人员可以熟练掌握数字化管理的操作流程，提高工作效率。培训还可以帮助管理人员了解数字化管理的最新发展和趋势，不断更新知识和技能。

2. 促进教师信息素养与教学能力的协同发展

教师是电教教材数字化管理的直接受益者，也是实施者之一。为了提高教师的信息素养，高校应为教师提供专业的培训和支持，帮助他们掌握数字化技术和教学资源的使用方法。培训内容应包括数字化教材的制作与使用、在线教学平台的操作与管理、数字化资源的检索与运用等。通过提升教师的信息素养，促进教学能力与数字化管理的协同发展，教师可以更好地利用数字化资源开展教学，提高教学质量。高校还应鼓励教师积极参与数字化管理工作，如参与资源的制作、审核和更新等。通过教师的积极参与，高校可以更好地实现数字化管理与教学工作的融合，为学生提供更好的学习体验。

第五章　高校教材管理组织实施与数字化

第一节　高校教材计划的编制、认定与整理

一、高校教材计划的编制

教材计划作为高校下学期课程使用的教材方案规划，承载着教材部门教材征订、采购和发行的重要使命，其重要性不可低估。这一规划的制订涉及教材管理工作的方方面面，从上一轮课程使用情况到版本变化，教材部门需要对此进行深入了解。只有通过充分了解，才能制订出科学合理的教材计划，从而为下学期的教学工作提供良好的支持。

教材部门之所以应积极参与教材计划的编制工作，是因为他们具备丰富的教材管理经验。长期负责教材管理使他们对所管理的教材有着深入的了解，能够提供丰富的信息。这种信息包括上一轮课程使用的教材情况、教材的版本变化等，对于正确编制下学期的教材计划至关重要。

教材部门还掌握着库存教材的详细情况，这为正确引导教材的选用提供了依据。充分利用库存教材，特别是自编印刷教材，不仅可以减少教材资源的浪费，还有助于制订出科学合理、高效的征订和采购计划。

与供书方的密切业务联系使教材部门能够最先、最快获得有关教材变动方面的信息，并将这些信息及时传递给系（部）教师，使之及早做好教材变更准备。这样做不仅提高了编制教材计划的工作效率，还提高了教材计划的准确性。

教材部门具备丰富的教材管理经验和库存教材信息，以及与供书方的紧密联系，使其能够在教材计划的编制中发挥独特的作用。因此，教材部门在教材计划工作中扮演着十分重要的角色，其积极参与对于提高工作效率和准确性至关重要。

编制步骤如下：

（一）落实下学期课程计划

教材部门在准备下一学期的教材计划时，首要步骤是与教务部门联系。他们需要按照学校教学与教务工作计划的规定时间节点，与教务部门进行沟通和协商。在这次联系中，双方将共同商讨并最终确定下一学期的课程计划，这将作为教材计划编制的主要依据。

于课程计划中尚未明确的专业或课程部分，教材部门将与教务部门进行深入的交流和协商。这一步骤旨在确保教材计划能够充分满足实际教学需要，及时补充和调整教材内容，以配合课程的进展和特定需求。

教务部门通常会通过电子文档或上传至教务系统平台的方式，提交完整的课程计划给教材部门。教材部门可以根据自己的工作流程选择合适的方式获取这些信息。此外，他们还可以使用专门的教材计划编制软件,将课程计划内容以及过去使用的教材信息自动导入系统,从而快速生成初步的教材计划。

这些步骤和流程确保了教材部门能够及时、准确地为下一学期的课程准备教材,同时与教务部门的紧密合作也有助于教材计划的完善和实际性调整。

(二)调整教材计划栏目

教材计划在分校征订教材时,应当具备方便易用的特点。为了确保这一点,编制教材计划之前需要进行一些调整措施。具体而言,需要根据征订教材的实际需求,调整从课程计划中下载的栏目信息。这一过程包括剔除不必要的栏目信息,同时增加那些在征订教材过程中必不可少的栏目信息,以便更好地适应教材计划和课程计划两者不同的使用场景和信息需求。

这样一来,教材计划就能更好地为分校的教材征订工作提供支持,确保流程的高效性和准确性,从而满足分校的教学需求。

(三)开始编制教材计划

教材计划编制是每个高校教学管理部门都必须重视和精心处理的任务。本章将详细讨论教材计划编制的方法、步骤、注意事项及审批流程,旨在帮助读者全面理解和有效应用这一关键流程。

第一,教材计划编制方法。在当前的教材计划编制工作中,主要有两种方法:①利用教材计划编制软件。教材计划编制软件是一种自动化工具,能够根据设定的规则和参数生成初步的教材计划。这些软件通常由校内的信息技术部门或第三方开发,能够大幅度提高教材计划的编制效率。教务部门可以使用这些软件根据预设的教材选择标准,为每个学期生成初始的教材计划。②手工填写教材计划空白表格。这是一种传统的方法，教务人员需手动填写预设格式的教材计划表格。这种方式虽然效率较低，但在某些学校或特定情况下仍在使用，尤其是在没有先进教材计划编制软件的情况下。每种方法都有其优缺点。自动化的教材计划编制软件能够提高工作效率和准确性，减少人为错误的可能性，但前提是软件的设置和参数必须正确和及时更新。手工填写则可以灵活应对各种特殊情况，但工作量较大且容易出现错误。

第二，教材计划编制步骤。教材计划的编制步骤通常包括以下几个关键步骤：①准备参考教材计划。在开始编制新学期教材计划之前，需要收集和准备历史学期的教材计划作为参考依据。这些历史教材计划可以帮助确保新计划的准确性和可靠性，尤其是在教材选用方面。②编制本学期教材计划。比对教材信息，逐项比对下学期教材计划与历史学期的教材计划，确保教材信息的一致性和正确性。补充空白信息，如果下学期教材信息有缺失或未提供，需要添加本学期的教材信息。统一格式和内容，对教材计划中的名称、版次、版别和编著者姓名等进行统一规范，以便后续的教学系（部）认定和教材检索。③注意事项。根据教务部门调整更新，教材计划需及时根据教务部门对课程计划的任何调整进行更新，包括新增专业、课程内容变化等。灵活性和适应性，保持教材计划的灵活性，以适应不断变化的教学需求和课程计划调整。④教材审批流程。需要与学校资源管理部门密切沟通，确保教材变更的审批及时进行，避免后期审批造成管理上的被动状态。

第三，编制教材计划的注意事项。编制教材计划时，需特别注意以下几点：①更新与灵活性。教材计划必须随着教务部门制定的课程计划变化而灵活更新。教务部门可能会新增、调整或停招专业，修改课程内容要求，或调整课程归属部门，这些都需要及时反映在教材计划中。②审批流程。教材变更的审批必须在学期开始前完成。这样做是为了确保教材能够及时印刷和使用，避免因审批滞后而导致的库存积压和经济损失。学校资源管理部门需要确保教材变更的审批流程规范和高效，避免因审批环节导致的教材计划实施被动状态。③ISBN使用。为确保采购的教材准确无误，建议系（部）尽可能提供教材的ISBN。ISBN是唯一的，能够避免在教材名称、作者、版次、版别等信息都一致的情况下，依然出现采购错误的情况，提高工作效率。

第四，教材计划编制的重要性。教材计划编制不仅仅是简单的数据整理和填写过程，更是学校教学管理体系中重要的一环。一个合理、准确的教材计划能够直接影响到学校的教学质量和学生的学习效果。通过规范化和科学化的教材计划编制，可以有效地提高教材的使用效率，保证教学过程的顺畅进行。教材计划编制涉及多个学术部门之间的紧密合作和协调，需要教务部门、教材部门、学科专业团队等多方面的配合和支持。尤其是在教材变更和更新方面，各部门需要及时沟通和协调，以便快速响应课程和教学管理的变化。教材计划编制是高校教学管理中不可或缺的重要环节，涉及多方面的管理和技术要求。通过合理选择编制方法，严格按照规范操作步骤，注意审批流程和细节问题，可以有效提高教材计划的质量和效率，为学校的教学工作提供有力的支持和保障。

二、高校教材计划的认定

完成教材计划编制后，学校要求各教学系（部）立即召集相关教师对其进行审核确认。这一过程是确保教材计划在实施前经过充分讨论和审查的重要步骤。教材计划必须经过各系（部）的正式认定，并且须得到系（部）主任的签字批准，才能被视为最终确定。这一步骤保证了教材计划的合法性和教学质量的可控性。通常，教材计划的认定工作通过学校开设的网上认定系统平台进行，以确保认定的透明性和便捷性。这个系统是系（部）在进行认定时的主要操作工具。为了指导各系（部）进行认定工作，学校教务处会以发文形式向各个系（部）发出通知，明确指示认定的具体操作规定，并要求严格按照规定进行认定工作，以保证认定程序的规范性和有效性。教材部门应提前向各系（部）送交下学期的教材资源征订书目，这些书目将作为认定时的确认依据。这一措施旨在确保教材计划认定的依据充分和准确，以便教学资源的及时准备和使用。以上步骤和措施共同构成了教材计划编制后认定工作的完整程序，以确保教学计划的高效实施和教学质量的持续提升。

教材计划的认定过程对于学校教学资源的有效管理至关重要，下面将详细探讨教材计划的认定原则、认定程序、认定时间和认定方式等关键内容，旨在确保教学资源的高效使用和准确更新。

（一）教材计划的认定原则

教材计划的认定原则主要包括教材来源确认、使用意见确认和不得更动三个方面。

第一，教材来源确认。教材计划所选用的教材必须是上一轮次该课程所使用的教学资源。对于首次开设的课程，必须由系（部）选定后填报审批。

第二，使用意见确认。所有选用的教学资源需有系（部）提出的使用意见，并由系（部）主任签字确认，确保教材的选用得到系（部）的充分认可和支持。

第三，不得更动。一旦教材计划认定完成，原则上不得再进行更动。若确有需要更改，系（部）必须提前一个学期向学校资源建设管理部门提出书面申请，并经审批后方可实施更改。这一原则旨在保证教材的稳定性和计划性，避免频繁变动带来的混乱和浪费。

（二）教材计划的认定程序

教材计划的认定程序包括组织认定、初步认定、质量控制和最终认定四个步骤。

第一，组织认定。教材计划的认定工作由各系（部）负责组织相关教师进行。这些教师需要是课程的主持教师，负责确定上一轮使用的教材是否适合继续使用或是否需要更改。

第二，初步认定。主持课程的教师进行初步认定，若因特殊情况无法完成认定工作，则由专业负责人代为执行。这一步骤确保了认定工作的及时性和有效性。

第三，质量控制。专业负责人对认定的教材进行严格的质量控制，确保选用的教材符合教学要求和质量标准。

第四，最终认定。认定结果由系（部）秘书进行汇总，并由系（部）主任进行在线或书面审核并签名确认，确保认定流程的完整性和规范性。

（三）教材计划的认定时间

教材计划的认定时间安排是为了保证分校有足够的征订时间和教材部门能够及时采购教材。

春季教材认定截止日期应在12月15日，秋季应在6月15日前结束，以配合分校的征订和教材部门的采购工作，确保教材能及时到位和按时发行。

（四）教材计划的认定方式

教材计划的认定方式主要包括正常认定和变更认定两种情况。

第一，正常认定。对上一轮使用的教材进行确认，如无错误则标记为"确认"。这确保了教材的稳定性和连续性。

第二，变更认定。①删除某门课程的所有教材或仅某些辅助教材。②增加某门课程的辅助教材。③将上一轮使用的教材更换为新选定的教材。变更认定需经过资源建设管理部门审批同意，以确保变更的合理性和必要性。

对于新开设的课程首次增加教材，同样需要得到学校资源建设管理部门的审批同意，以保证教材的规范性和合规性。

教材部门应严格按照学校的规定，认真把好系（部）认定后的教材复审关，确保认定的教材符合文件的要求，避免教学资源的浪费和损失。

这些关键点详细介绍了教材计划的认定原则、程序、时间安排和认定方式，旨在确保教学资源的高效管理和教学质量的提升。通过严格的认定流程和规范的操作，学校能够更好地管理教材使用，为师生提供优质的教学环境。

三、高校教材计划的整理

教材计划一经认定，尽管已经获得系（部）的认可，但由于多种因素的影响，通常不能立即投入使用。这主要是由于认定后的教材计划存在一定程度的不规范问题。这些问题包括，但不限于，某些系（部）未按照高校规定擅自变更教材，或者只认定了主教材而未同时认定辅助教材。同一门课程在不同专业中的教材名称或品种可能存在不一致性，缺乏特别说明，以及格式不规范，需要添加额外的备注说明等。为了解决这些问题，教材部门必须对认定的教材计划进行进一步的整理工作，这一过程通常在网上进行。整理工作主要包括两个方面：复审和格式规范。复审的目的是确保教材计划的内容准确无误，符合高校的相关规定。同时，需要确保教材计划的格式规范，以便于学生和教师使用。一旦整理确认无误，教材部门会将教材计划作为正式的版本发布征订通知。学校分校在接到通知后,方可正式开始教材的征订使用,以保证教学工作的正常进行。

(一)教材计划的复审开展

教材计划复审是保障教学质量的重要环节,旨在确保教学资源的合理配置和教学质量的稳定。复审的主要内容围绕教学系(部)是否按照学校文件规定进行认定展开,同时也关注变更教材是否按规定办理手续,以及认定后的教材名称和品种数量是否正确。这些关键点不仅直接影响到教学过程中教师和学生的实际操作,也影响到教学资源的管理和学校制度的严肃性。

第一,在教材计划复审中,首要关注的是教学系(部)是否按照学校颁发的文件规定进行认定。复审过程中经常发现,一些系(部)在认定教材时存在不规范的情况,尤其是在换了新的主持教师后更为突出。根据学校的制度规定,教学资源的认定应当遵循一定的程序和标准,需要经过学校教学资源建设管理部门的批准,而不能随意更改。然而,实际情况中,有些系(部)未严格执行这一规定,主持教师可能会擅自更改使用的教材,而系(部)的审核把关也不够严格,导致出现教材变更不合规的情况。

第二,教材计划复审还要关注变更教材是否按照规定办理了教材变更申请手续。根据学校的文件通知规定,如果现有的教学资源不能满足学科发展的需要,教学系(部)应提前至少一学期向学校管理部门提出申请变更教材的请求。这一过程不仅需要申请书面手续,还需要提供合理的理由和教材的具体信息,以便于学校进行评估和批准。然而,有时教学系(部)可能没有按时或者完整地办理这些手续,而是直接擅自更换教材。这种情况不仅违反了学校的制度规定,还会给教学过程中带来诸多问题,包括教材供应的不确定性和学生学习秩序的混乱。

第三，复审还需要验证教材计划中认定的教材名称和品种数量是否正确。一般情况下，不同专业的同一门课程使用的教材和品种数量应当是相同的，除非在特定情况下有不同的说明。然而，实际情况中有些系（部）在认定时可能会出现一些错误或者遗漏，如没有认定辅助教材或者认定的教材名称与品种数量不一致。这种情况可能导致教学过程中的混乱，尤其是当学生按照计划去征订教材时会遇到困难，从而影响到学生的学习效果和教学质量的保障。

针对上述问题，教材部门应采取以下处理措施：

教材部门应当按照处理程序及时在网上认定系统平台上给予明确答复。对于不符合文件规定的认定申请，教材部门必须坚决予以拒绝，并告知教学系（部）必须依据规定重新申请或者补充完善申请材料。

教材部门在处理复审中发现的问题时，必须坚持原则，严格按照学校的制度和规定进行处理。这不仅能够有效地维护学校文件制度的权威性和严肃性，还能够保证教材和教学质量的稳定性和连贯性。教材计划复审中出现的问题，如果不及时处理和纠正，可能会产生以下影响：教材计划的不合理和错误可能会导致征订教材时的混乱和不确定性，学生在学习过程中无法按时获得所需的教材，从而影响学习效果。如果教材的选用存在错误或者不完善，会直接影响到学生的学习效果和教学质量的保障。特别是没有认定辅助教材或者认定的教材与实际使用不符，会给学生的学习带来困扰和不便。如果需要重新补订教材，可能会因为时间上的滞后或者出版社停印等原因导致教材的供应不足，进一步加剧教学过程中的混乱和不确定性。

（二）教材计划的格式规范

教材计划的格式规范对于保证教学质量和学校运作的顺利进行至关重要。一份经过复审和内容确认后的教材计划，必须经过全面的格式调整和统一处理。这一步骤不可忽视，它确保了不同专业、不同课程的教材格式一致，内容信息准确无误，从而提升了整体的整齐度和划一性。通过格式规范化处理，教材计划的内容更加完整可靠，信息的准确性和可信度也得到了提高，从而有效减少了误解、误订、错订和漏订的发生，大大降低了对教学活动的潜在影响。格式的规范化有助于减少误解、误订、错订和漏订的情况发生，从而降低对教学活动可能产生的影响。此外，它还为分校在征订教材时提供了准确、便捷和高效的服务保障，确保教学材料的及时供应和教学活动的顺利进行。

（三）教材计划的备注要点

格式的统一化也为各分校在征订教材时提供了准确、便捷和高效的服务保障。分校只需依照统一的规范和格式进行操作，避免了因为不规范的教材计划而造成的混乱和延误，确保了教学材料能够及时供应，保障了教学活动的顺利进行。

关于教材计划的备注要点，这些说明通常在整理过程中会被加入到备注栏中。这些备注内容包括告知下学期将停用和更改的教材，以及那些目前还处于未确定状态的"待定"教材。这些信息的目的在于让分校提前了解到教材的具体情况，以便合理控制征订数量，避免因盲目扩大征订导致的库存积压和不必要的经济损失。具体情况如下：

第一，"待定"教材，是指计划公布后，因各种原因而未能确定的教材。这些教材通常会在备注栏中标明"待定"二字，直至最终确认选用教材后再通知分校进行征订。

第二，下学期将停用的教材，这些教材在当前学期仍在使用，但在下个学期将不再使用。在备注栏中通常会明确注明"某某学期停用"的信息，以便分校在征订时能够适当控制数量，避免过多的征订导致库存积压。

第三，下学期将更改的教材，这些教材在当前学期继续使用，但在下学期会改用新版教材或者更换其他教材。在备注栏里会简要说明这些更改，如"某某学期改用'某某出版社'教材"。

第四，还有一些仅供任课教师使用的教材，这些教材只需为任课教师征订，学生无需征订。在备注栏中会明确注明"该教材由教师使用，学生不征订"的信息。

第五，还有针对不同学生类别使用不同教材的说明。例如对于某一类特定年龄段的学生，在课程选学方面有所不同，需要使用不同的教材。在备注栏内会详细说明这些情况，以便分校在征订时根据学生的具体选用情况进行准确的征订。

教材计划必须经过严格的整理程序，确保计划的完整性和准确性。只有经过认真的整理，消除可能存在的问题，教材计划才能最终完成，并顺利交付分校用于征订。不仅是为了保证教材计划的有效实施，也是为了确保教学活动能够按时顺利进行，从而保障了学校教学工作的正常运转。

第二节 高校教材征订、采购、调剂与协调

一、高校教材的征订

（一）发布教材征订的信息

发布教材征订的信息可以保证学生和教师在新学期开始前及时获得所需确保学生在开学前领取到教材，从而为顺利开展教学活动提供保障。教材征订的过程中，各方需要明确自己的职责和相应的时间节点，确保工作的有序进行。教材部门会先发布教材征订通知，并启动网上征订系统。这一步骤至关重要，因为它直接影响到分校的教材订购工作进程和教材到位的时机。教材到位率与采购效率息息相关，因此提前发出采购单，争取在最短时间内将教材送达各分校，是确保教学顺利进行的关键。为此，教材部门需要对分校进行充分的指导和宣传，让分校清楚了解征订工作的具体要求和注意事项，确保分校能够准确、及时地进行教材征订。

教材征订工作的核心要求包括明确征订形式、确保征订范围与计划内容相符、合理安排分批征订时间、规划分批征订方案、明确计划内版次和公布配书送书时间等。在此期间，分校和教材部门需要保持密切联系，及时获取网上征订和其他相关信息，以便共同确保教材征订工作顺利进行。

（二）分校填报征订的数据

为了加快征订和采购速度，同时确保稳妥性，教材部门指导分校分批上报教材征订数据，并据此进行采购和发放。此举将最大程度减少不确定因素对征订和采购的影响。教材部门在制定征订策略时，强调以老生教材为主进行首批征订。老生的注册数相对稳定，通常按注册数的90%进行征订，以考虑可能的流失率。新生的教材征订则面临更大的不确定性，甚至可能会出现专业停办的情况。教材部门建议暂时按照招生计划数的80%进行报订，以保守估计未来的需求量。为了有效管理征订工作，教材部门将征订划分为多个阶段，并在每个阶段内设立多个征订批次。第一阶段通常分为三个征订批次，每个批次持续5个工作日，而第二阶段的批次时间则会缩短至3—4个工作日，以确保按时完成征订工作。这些分阶段和批次的安排旨在确保各分校严格按照教材部门的预定时间表执行征订计划，以便及时采购、分配和发送教材，以便在新学期开始前将教材发放到位，为教学工作的顺利开展奠定基础。

随着开学日期的临近，新生人数逐渐接近实际数，因此征订批次的频率也会逐渐加快，以适应需求的变化和确保征订数量更加接近实际需求。这不仅意味着教材部门需要加快采购频率，还需督促供应单位加快教材的发送频率，以确保教材能够尽快到达各分校。

（三）汇集分校征订的数据

汇集分校的教材征订数据是高校教材采购和分发的关键步骤。这个过程中，教材部门根据分校的教材征订进度，分阶段汇总教材数据，并进行详细检查和确认，以防止由于分校错误征订而导致的误购情况。这些步骤不仅确保了教材的及时供应，也保证了教材计划的顺利实施。教材部门核实每个分校所订购的教材是否在教材计划的范围之内。他们会仔细审查每本书籍的征订数量，确认是否与计划的需求一致。如果发现有超出计划的情况，教材部门会与分校联系，要求其提供合理的解释和理由。教材部门非常关注是否存在错订或漏订的情况。他们会对教材清单进行仔细的比对和核对，确保数据的准确性和完整性。特别是在大规模的教材采购过程中，即使是细微的错误或遗漏，也可能对分校的教学和学生的学习产生不利影响。除了核实和比对教材征订数据之外，教材部门还密切关注新版次教材的征订情况。他们会检查是否有明显的新版次教材征订减少的迹象。如果发现分校在使用库存的旧版教材进行教材发放，教材部门会及时采取措施，确保学生能够使用最新版本的教材，以促进教学质量和教育效果的提升。

教材部门也会监控异常征订情况，及时发现并解决潜在的问题。他们要确保所有的教材订单和交付程序都能够顺利进行，以避免在新学期开始时出现供应不足或错误配送的情况。在整个检查过程中，如果教材部门有任何疑问或发现任何问题，他们会立即查找原因，并与相关分校联系确认。他们非常重视及时解决问题，确保所有疑问都能得到明确的答复和解决方案，从而排除错误或误解。只有在确认所有数据都准确无误后，教材部门才会将分校报订的教材数据汇总，作为采购和配送教材的依据。这些严谨的步骤和措施，确保了高校教材采购和分发工作的顺利进行，为教育教学工作提供了有力的支持和保障。

（四）设定征订的截止日期

高校教材的征订需要确保学生在开学前能够及时获得所需教材，同时为教材采购和课前发放提供保障。在这个过程中，设定征订截止日期是确保征订工作的有效进行的重要步骤。这一日期促使分校与教材部门保持积极配合，及时、准确地完成征订工作，以避免因征订拖滞而影响整体汇总和采购进度。一般而言，分校的征订截止日期应设定在开学后的7个工作日内,或者在招生结束后的7个工作日内。具体的截止日期可以根据各地学校的不同情况进行适当调整,以适应各校的实际情况和需求。通过设定合理的征订截止日期,分校能够更好地配合教材部门,确保教材的征订工作在规定时间内完成。这样一来,教材部门可以根据汇总数据及时进行采购,并在开学前将教材送达分校,从而保障教学活动的顺利开展。合理的截止日期不仅有助于提高工作效率,还能确保整个教材征订和采购过程的顺利进行。

二、高校教材的采购

(一)编制相应的教材采购计划

教材采购的第一步是汇总征订数据并进行核对,确保信息的准确性和完整性。一旦数据无误,教材部门便会开始编制教材采购计划,也称为采购订单。由于教材来源多样,采购计划根据不同的供书商或出版社进行分别编制,以确保每位学生的教材需求得到及时满足。

1. 依据供书商编制采购订单

(1)供书商特点。供书商提供的教材种类繁多,数量从几本到几千本不等。与直接从出版社采购相比,供书商的灵活性更高,能够快速发货并提供稳定的服务质量。此外,由于其成本结构的特殊性,供书商通常能够提供较高的折扣,这使得采购成本更有竞争力。

(2)编制方法。教材采购订单的编制过程严谨而系统化。首先,根据最新的教材计划,检查每种教材的详细信息,如年级、专业、课程和版次等。然后,根据不同供书商的特点,量身定制采购订单,这些订单会通过传真或其他电子形式发送给供书商。在发送之前,每份采购订单必须清晰标注发出日期、对方传真号码,以及分页数和总页数。

所有的传真采购订单都需要妥善保管，以备库存验收核对或对未发、错发或漏发教材进行查证。

2. 依据出版社编制采购订单

（1）出版社特点。出版社提供的教材种类相对较少，但是数量大且供应稳定。由于出版社直接出版教材，因此通常能够提供较低的折扣。然而，与供书商相比，出版社在服务质量和退货政策上可能表现不够灵活，因其在一定程度上具有市场垄断性。

（2）编制方法。与供书商的采购订单相似，出版社的采购订单也是基于最新的教材计划编制的。教材部门根据计划筛选出需要采购的出版社教材列表，并在订单上详细记录每种教材的相关信息。然后，这些订单会通过传真或其他适当的形式发送给出版社。

3. 采购订单的发出和保管

为了确保采购订单的准确性和完整性，每份订单在发出时都必须标明明确的发出日期、对方传真号码，以及详细的分页数和总页数。所有发送出去的传真采购订单都要妥善保管，以备教材到库验收核对，或者作为未发、错发或漏发教材时的查证依据。在整个采购过程结束后，所有的采购订单会被装订成册，并进行档案存档，以备将来的查阅和审计之需。

这些关键点详尽地展示了高校教材采购的整体流程，包括采购计划的编制、不同采购来源的特点与方法，以及采购订单发出和保管的重要性。这些步骤保证了高效、有序地管理教材供应，确保了学生和教职员工在教学季度开始时能够准时获得所需的教材资源。

（二）发出订单与询问发货情况

1. 发出采购订单

在教材采购订单编制完成后，应根据双方协议，通过传真方式将采购订单发送给供应商，应进一步与其联系，确认对方是否已完整接收采购订单。若未收到或接收不全，须及时调查原因（包括传真机故障等），并重新发送，直至供应商完全接收。

2. 询问发货情况

在教材供应管理过程中，供书商或出版社在收到采购订单后，有责任按照协议规定的时间内向采购方反馈教材落实情况。反馈的信息内容主要包括：一是确认库存有教材且能满足供应数量；二是库存有部分教材，但不能满足全部供应数量，需要进行加印；三是库存无教材，需要立即进行重印；四是无法供应或不能按时供应教材的具体原因说明。

采购方在接收供应方的反馈后，会根据情况做出相应的处理和回应。对于库存有教材且能满足数量的情况，采购方要求供应方立即发货。对于库存有部分教材但不足以满足全数的情况，除了要求供应方尽快加印外，也要求先发送现有库存的部分教材以满足急需。如果库存无教材的情况，采购方会督促供应方加快印刷速度，并确定最后的交货日期。对于供应方无法供应或无法按时供应的情况，采购方要求供应方详细核实原因，并提供解释和相应的补救措施。

如果供书商未能保证按时供应教材，采购方的教材部门会直接与出版社联系，核实原因，并通过有效沟通争取对方的理解，以确保教材能够按时供应。这种直接沟通的方式往往比供书商的解释更能够获得对方的理解和支持，从而提高解决问题的效率和结果。

对于确实无法供应的教材，如出版社已停止印刷的情况，采购方只能通过调整和更换其他教材来解决问题。尤其是对于老生使用且采购数量较少的教材，采购方可以请求出版社通过其现有的渠道，如联系发行书店或其他学校，寻求解决方案以保证教材的供应。

（三）对供书方提出发货的要求

在对供书方提出发货要求的过程中，教材部门制定了一系列详细的规范措施，以确保教材供应的及时性、准确性和规范性，从而满足学校的教学需求。

第一，教材部门实施了教材发货情况的反馈制度。一旦教材部门向供应商发送采购订单的传真件，供应商收到后必须立即进行核对。如果供应商认为没有问题，即可按照传真件上的采购订单发货。然而，如果供应商发现有部分品种的教材因缺货或停印无法供应，他们必须在规定的时间内（通常是2—3个工作日）通知教材部门。此时，教材部门将与学校的教学系（部）和教务处等审批部门沟通，以决定是否需要调整相关教材的供应情况，并将调整情况通知供应商。为了更准确地掌握出版社和供书商教材的准备情况，教材部门还要求他们在开学前提交详尽的"送货时间表"，列出所有教材品种和数量的预计送货日期。教材部门将依据这份时间表对教材的实际到货情况进行核查，确保教材按时到达库房，并据此安排教材的分配和配送工作，从而保障教材在课前能够准时送达，满足教学需求。

第二，教材部门对打包的规范提出了严格要求。每件包装内都必须按照单一品种的教材进行归类打包，绝不允许混放几种教材。外包装上必须清晰地标明书名、数量、单价以及本次发运的件数。标准件包含4个或2个小包，每个小包都必须注明教材的名称和数量。对于小批量零星教材，可以集中打成零包，但每件外包装上必须注明所有教材的名称和数量。这些规范的目的是便于堆放、仓库验收和发行，从而加快验收进程，减少错误，并确保教材的准确性和完整性。

第三，教材部门要求发货清单的格式必须规范化。每个供应商提供的"供（或发）货清单"上至少包括书号、教材名称（全称）、单（定）价、册数、码洋、折扣、实洋、包本、包数+零册数、发货单号、开单日期等栏目内容。这样的清单规范能够帮助教材部门更好地管理和核对教材的发货情况，确保订单的准确性和完整性。

第四，关于运输的要求，无论是公路运输还是铁路运输，供应方在发完货后必须立即通知教材部门发货时间、发货单号和发货件数。同时，他们需要定期与物流方联系，确认教材是否已准时送达目的地。这些措施旨在督促物流方按时、准确地将货物送达接收地点，以保证教材的及时供应。

第五，教材部门强调了教材印刷版次变更的管理要求。他们要求出版社规范化印刷版次变更的程序，避免为了市场销售而随意标称版次升级，以免给教材的发行带来混乱。此外，自编的教材（讲义）编印也必须明确版次，以便于教材的管理和发放。

这些规范和要求旨在确保教材供应链的顺畅和高效，以满足学校在教学开始前对教材的准时需求，同时保证教材供应的质量和准确性。通过这些措施，教材部门能够更好地管理供书方，确保教材在合理时间内送达学校，以支持学校的教学工作顺利开展。

（四）仔细评估供书方服务质量

为了促进教材采购合同的顺利执行，强化整个供书流程的监控与管理，以确保教材能够准确无误地到达并满足教学需求，评估供书方的服务质量显得尤为重要。评估的主要内容涵盖了品种交货率和数量交货率两个关键指标。

第一，品种交货率，是指供书方按时发货且按照采购订单要求送达的教材品种比率。品种交货率的计算公式为交货品种数除以采购品种数再乘以100%。这个指标主要用于衡量供书方在教材供应的横向覆盖范围，即其供应服务的广度。

第二，数量交货率，是指供书方按时发货且按照采购订单要求送达的教材数量比率。数量交货率的计算公式为交货数量除以采购数量再乘以100%。这个指标则用于衡量供书方在教材供应的纵向服务深度。

这些评估指标不仅仅是衡量供书方服务质量和效率的关键性因素，更是保障教材部门与供书方长期合作与发展的重要依据。高品种交货率并不意味着教材供应没有问题，因为必须同时确保数量也到位，即横向和纵向两个方面都要兼顾，才能真正实现教材的准时供应。

除了评估指标外，供书方的服务内容也是评估的重要考量因素。这些服务包括准确发货、按时交货、及时交货和包装规范等，这些直接影响了对其工作质量的评价。

通过这种评估机制，可以及时发现潜在的教材供应问题，并采取适当的协调和纠正措施，以确保教材供应的高效率和高质量。教材部门在开学或上课前的教材发行到位率统计，实际上也就是这些评估指标的体现，其结果直接反映了教材供应的实际情况。

这些评估措施不仅有助于当前教材供应流程的改进，还对今后选择合适的教材供应商具有重要的参考价值，为教学活动提供可靠的后勤支持。

（五）处理采购中的预付款情况

大多数情况下，教材的采购通常采取赊账方式，即先发书后付款。然而，少数出版社可能会要求对方先支付预付款或预付部分款项，然后再发放教材。

教材部门在进行采购前需要向财务部门申请暂借预付款。这一过程要求填写"暂借预付款凭证",详细列出预付款的金额。凭证须经过主管领导审核和签字同意,确保预付款的申请程序合法且透明。接下来,通过财务部门将预付款汇给指定的出版社。这一步骤需要确保资金的安全性和准确性,避免任何款项的误用或滥用。供应发行结束后,教材部门与出版社进行余下款项的结算。这一过程需要按照实际供应情况,与出版社确认并支付余下的账款,以维护正常的业务合作关系。

在执行这些操作时,需要注意以下几个事项:确保填写的凭证信息准确无误,确保金额与对应的供应商相符。这一步骤非常关键,可以避免因为数据不准确而引发的后续问题。主管领导必须对预付款申请进行审核并签字同意。这一步骤不仅确保公司财务上的控制,还能够保证采购流程的合法性和透明度。财务部门负责具体的资金汇款和账务结算,确保资金的使用符合公司的财务政策和流程。在供应完成后,务必及时与出版社结清余下的账款。这不仅能够维护公司的信誉,还有助于建立长期稳定的供应关系。通过严格遵循这些步骤和注意事项,可以有效地管理和控制预付款的使用,确保资金的安全性和透明度,同时维护公司与供应商之间的良好合作关系。

(六)采购发货中常遇到的问题

在采购和发货过程中,出现流程不合理导致发货缓慢以及物流公司分公司影响教材送达是常见的问题。

一些出版社的发货流程存在明显的不合理之处,如制单、配货、装货和发货分别由不同的人员和地点负责处理,导致各个环节之间缺乏有效的沟通和协调,经常出现脱节现象,因而使得教材的发货时间大大延长,严重影响货物的及时到达。

为了解决这一问题,对供应方和物流公司的沟通联系显得尤为重要。采购方需要频繁与供应方联系，要求其采取措施，确保各下游环节能够有效协调，加快流程处理，从而提高工作效率，保证教材能够及时到达目的地。这需要确保各个环节之间的信息畅通，特别是在教材发货的关键时刻，确保各个下游环节能够有效协调，减少流程时间和努力提高。

（七）做好教材采购的基本要求

1. 科学地制订教材采购的计划

在教材采购工作中，科学地制订教材采购计划是至关重要的一环。教材管理部门需要在满足教学用书需求的同时，避免教材积压浪费并节约资金。这一过程中需要开展充分的调查分析和准备工作，尤其是教材信息的收集和整理。科学合理地制订采购计划不仅能有效满足教学需求，还能在很大程度上减少后续问题的发生。确保采购和供应工作的准确性和及时性。部门还要及时了解招生计划、专业设置和教学改革动向等信息。掌握这些信息有助于预测需求，确保采购计划与实际教学需求相符，避免过度采购或库存不足。

2. 合理选择好采购教材的渠道

在教材采购中，选择合适的采购渠道至关重要。一般而言，教材采购渠道可以分为主渠道和次渠道两种类型。

主渠道（一线渠道）是指那些能够提供大部分教材品种和数量的书商。主渠道的特点在于其采购量大、采购过程正规、服务前期良好且供书有保障。这使得主渠道在教材供应的初期阶段特别有优势，能够确保教材及时到位，不影响教学进程。

次渠道（二线渠道）则提供少量品种和数量的教材，但其供书效率往往更高。次渠道在竞争激烈的后期，通常会更加主动和积极，提供的发送速度也更快。由于竞争压力，次渠道书商更倾向于提供高效的服务，以争取市场份额。

教材部门在评估和选择采购渠道时，需要充分考虑主渠道和次渠道的特点和优势。建议在教学期间的前期，优先选择主渠道，以保证教材及时到位，不影响教学用书的供应。而在后期，可以充分利用次渠道的灵活性和快速供书优势，以弥补主渠道可能出现的供书速度不足的问题。

3. 与出版社建立良好合作关系

教材部门需要注意与出版社建立良好的合作关系，这是确保教材供应稳定性的重要保证。与采购商不同，出版社拥有教材的垄断性，一旦教材停印或拒绝加印，采购方可能面临较大的损失。

教材部门应当积极与出版社沟通，建立互信和合作。保持良好的合作关系能够确保教材的稳定供应，不因市场优势而忽略供应链的稳定性。尤其是在选择从出版社直接采购教材时，虽然可以享受较低的折扣率，但其风险也相对较高，教材部门应当谨慎评估和管理这种风险。

教材部门需要平衡利益和风险，确保教材的稳定供应，不仅要关注市场价格和效率，还要重视与出版社建立的合作关系，维护长期稳定的供应链。

4. 对采购新生教材做好充分估计

由于此需求的特殊性，如数量庞大、种类繁多、时间紧迫等特点，加之招生期间各专业新生人数的动态变化，使得精确确定教材需求量存在一定难度。因此，为确保教材供应的连续性和稳定性，采购计划中适当预留一定的弹性空间是必要的。然而，在合理预留这一"余地"的同时，教材采购部门也应进行周密的预估和考量，力求将采购过程中可能对新生造成的影响降至最低。

第一，新生教材的采购具有数量庞大、种类繁多、时间紧迫等特点。特别是在招生期间，各专业新生人数动态变化，这使得精确确定教材需求量变得复杂而困难。为确保教材供应的连续性和稳定性，采购计划中需要适当预留一定的弹性空间。这意味着在合理预留"余地"的同时，教材采购部门也应进行周密的预估和考量，力求将采购过程中可能对新生造成的影响降至最低。

第二，教材部门需要详细掌握所有新生专业的预计招生计划，并对专业进行分析。热门专业与冷门专业、通识教材与统设教材、必修教材与选修教材在采购时都需要有所侧重。例如，必修类教材和基础通识类教材的特点是专业多、涉及面广、数量大，因此应尽可能多储备一些；而选修课的教材则应采购控制得相对紧一些。

第三，教育部门应紧密关注招生报名情况，随时跟踪新生招收动态，并加强与招生部门的沟通，能够更好地把握并合理作出采购判断。这些信息对于确保采购的准确性和及时性至关重要。

第四，在操作步骤上，教材部门应及时对新生教材进行补订和追订，保持与出版社和供书商的良好沟通，督促其及时组织发货。特别是在开学前的阶段，需要加快采购、发书和送书的频率，以确保新生开学上课前能够顺利领取到所需教材。

5. 考虑不同教材对采购决策的影响

这些因素在汇总分校报订教材时，需要综合考虑不同专业和教材类型的特点，制定合理的采购策略，以确保教材供应充足且符合需求。

第一，热门专业与冷门专业的教材需求区别。热门专业的教材需求可能较大，而冷门专业则相对较小，因此在采购数量上应有所区别对待。

第二，新旧版次教材的采购需要进行控制。版次新的教材和版次老的教材因使用时间长短不同，对采购数量的控制也应有所侧重。

第三，针对一些内容经常变动或变动较快的教材，如计算机软件类教材，也需要注意控制采购数量，避免因技术更新导致教材过期。艺术类教材因印刷数量不多、易于断供，实际采购中需要适当增加一些数量，以防止供应中断的风险。

第四，常设专业的常用教材，如工商管理、行政管理、会计、英语等专业，由于生源充足且招生周期连续，可考虑多采购一些作适当储备，以尽量保证供应的稳定性。

第五，公共基础课、统设必修课等教材由于课程比较稳定且是基础课，其教材用量比较大，应多采购储备，以确保能够满足学生的需求。

6. 做好部分发行教材亏损准备

教材部门在处理教材发行过程中需时刻准备因部分发行而可能造成的亏损。有时候，尽管已经采购了超过 400 册某专业建筑工程管理教材，仍可能会出现短缺情况，出版社也明确表示无法提供额外的库存或加印服务。为了满足学生的紧急需求，教材部门被迫与相关部门协商，经过许可后自行印刷了 50 余册简装版教材。这种情况下，不可避免地会出现亏损。然而，即使面对这些挑战，教材部门仍需要向各分校提供详尽的解释，降低书价以获取理解。这一做法显示了，并非所有的教材发行都能带来正面的收益。为了履行对教学服务和学生的承诺，有时承担一定的亏损是必要的，因为这样做确保了学生的利益和教学秩序的稳定。

7. 做好采购前的"功课梳理"

在进行采购之前进行"功课梳理"工作非常关键。这一过程包括认真核对采购订单上的教材种类和数量。务必确保所购买的教材属于教材计划范围内，如果不在计划内，需要详细查明原因。还要避免在采购信息理解上出现歧义,确保所提供的教材信息准确无误,包括教材名称、版次、作者和出版社等信息。

8. 做好采购情况的登记与处理

负责采购的人员在教材采购过程中必须认真做好各类情况的登记工作。这包括记录因供书方原因导致的教材错发、漏发、多发、少发、迟发、版次不符(升级或降级)、教材停印或更换等问题。只有把所有发现的问题都认真记录下来,然后逐一梳理,查明问题的原因,并进行协调和处理,才能妥善解决采购中可能出现的各种问题。总之,每学期做好教材采购供应和服务可以简单概括为一句话——保证招生不息,教材采购供应和服务不止。

三、高校教材的调剂

教材调剂是高校教材管理中的重要环节,其目的在于通过将多余的教材转让给有需求的单位,以更快地满足实际教学需求,同时减少因采购周期长而影响学生使用教材的问题。这种调剂机制通常通过约定方式在专用的网上调剂平台上进行,这样既便于高效获取相关信息,又能有效减少盲目征订,有助于精准控制教材采购,避免库存积压的发生。教材调剂适用于多种情况,包括分校征订的教材数量超出实际需要、某些专业由于招生不足导致教材库存过剩,以及教材部门需要某类教材而其他分校库存充足等情况。当某分校因为特殊原因急需某类教材,但库存已经用尽,而其他分校却有多余的库存时,也可以通过调剂平台进行教材的转移。还有一些情况,如确认某类教材需求量较小或将停止采购、分校需要但出版社断供或停止加印、发行后阶段采购量较少的教材,也可以通过调剂平台进行合理分配和使用。未来,随着信息技术的进一步发展,网上调剂平台将成为主要的教材余缺调剂途径。这种方式不仅方便快捷，而且能够大大提高调剂效率，减少资源浪费和库存管理压力。例如，一些高校在停止招生某专业后，通过及时调剂处理掉多余的教材，有效避免了因库存过剩而导致的退货和处理问题，节省了教材采购成本和管理成本。

教材调剂作为一种灵活的管理方式，不仅能够有效解决教材资源配置不合理带来的问题，还能够提升教育资源的利用效率，对于促进高校教学管理的现代化和信息化发展具有重要意义。

（一）教材调剂时间的把握

教材调剂是一项自发的行为，虽然没有时间限制，但通常会在特定的时间段内频繁发生。特别是在开学前二周至招生结束后一周，教材调剂达到了高峰期。这段时间不仅是教材发行和领取的高峰期，也是教材部门组织调剂的主要时段。这一时期内，分校教材必须发放到学生手中，同时招生人数基本明朗，从而揭示出教材不足或多余的问题。临近开学或已开学的分校也急需上课用书，因此新生教材追订现象十分频繁。

分校可以利用这段时间的近二三周来检查和梳理本学期急需或多余的教材。这样一来，教材部门在最后采购阶段可以扣除分校退调下来的教材，避免盲目采购已有的教材，从而节约成本并提高供需匹配的精确度。这对教材部门、分校和供书商都是有利的。

选择在开学前二周至招生结束后一周进行教材调剂是相当合适的。这段时间内，学校教材部门能够充分利用高峰期的信息优势和检查时间，以确保教材供应和分配更加高效和精确，从而为学生的学习提供更好的保障。

（二）教材调剂的策略方式

教材调剂是高校管理中一项重要的策略工作，旨在确保各分校教学用书供应的稳定性和合理性。针对不同情况，教材部门可以采取多种策略进行调剂，以下是四种主要的调剂方式：

第一，分校之间直接调剂是一种效率高、操作简便的方式。各分校根据实际需求直接进行教材问询和交换，无需经过第三方的协调，节省了调剂时间和成本。调剂完成后，直接结算，整个流程高效快捷，确保了教材供应的及时性和准确性。

第二，教材部门参与协调调剂，这种方式下有两种具体操作模式。①寻购调剂，即教材部门停止对教材的正常采购，转而向分校寻找其多余的教材。这种方式特别适用于分校之间教材需求有交集但信息不对称的情况，通过调剂达到资源的最优配置。②主动协调调剂，即教材部门通过信息优势，积极参与分校间的教材调剂，促成调剂成功。这种模式下，教材部门可以向分校通知直接进行教材调剂，或者进行回购调剂教材再供应，确保教材的有效调剂和使用。

第三，依靠与其他高校的合作关系进行调剂。除了协调分校间的教材调剂，教材部门还可以通过加强与本地和兄弟省市校际间的教材信息沟通，寻求更大范围的教材调剂互补，从而满足分校的特殊教材需求。尽管这种方式在操作中可能会遇到困难，成功率不高，但对于解决"疑难"教材情况仍然是一种有效的补充手段。

第四，发挥供书单位特有渠道，也是教材调剂中的重要一环。教材部门需要充分利用出版社和供书商的特有发行渠道，解决分校调剂中遇到的教材困难。这包括利用书店、学校和其他供书商的库存和关系，以及与出版社联系解决教材缺口问题。这种方式尤其适用于某些特定教材因种种原因无法再印刷，或者库存有限的情况下，通过供书单位的渠道寻求解决方案。

为了保障教学用书供应，维护教学秩序的稳定，教材部门需要灵活运用各种调剂策略，确保分校教材的及时供应和合理配置。分校之间直接调剂效率高，适用于紧急情况；教材部门协调调剂则可以更精确地满足特定需求；与其他高校的合作关系可以扩大调剂范围；利用供书单位的渠道则是解决疑难问题的有效手段。通过这些调剂策略的合理运用，可以最大限度地保障教学用书的供应，确保教学工作的顺利进行。

（三）教材调剂避免的问题

重复采购与教材积压问题，在实际调剂教材过程中，需要避免同时进行征订和调剂相同的教材，以免导致教材的重复采购和经济损失。分校在解决教材问题时，应避免在征订 B 类教材的同时，又在调剂 B 类教材，否则可能会导致教材的积压和难以退还的问题。为此，建议分校在执行教材调剂时务必注意以下两点：①对于已经通过教材调剂解决的教材问题，不再向教材部门发出征订请求，以免教材部门重复采购，进一步增加积压。②对于已经通过网络向教材部门发出征订请求的，应当按照预定的数量从教材部门领取教材，避免从其他学校调剂（尤其是系统外学校），以免采购来的教材因无法使用而造成浪费。建议先尝试调剂解决问题，若调剂不成功再考虑进行征订，以有效避免重复采购和浪费资源的问题。

（四）集中调剂之前的工作

第一，通知和指导，为了保证教材调剂工作的顺利进行，教材部门在开展集中调剂之前，需要提前发布通知（通常是在开学前两周），明确调剂的要求和注意事项，并积极动员和指导各分校参与教材调剂工作。通过明确的指导和积极的动员，可以有效提高教材调剂工作的参与度和执行效率。

第二,信息平台,教材部门应当提供专门的信息平台,用于分校之间及时了解各自的教材调剂供求信息。这一信息平台的建立将有助于分校之间更好地协调教材资源的调配,避免资源的重复浪费和过量积压。

第三,联系方式的更新,为了保持调剂渠道的畅通,教材部门需确保分校教材人员的联系方式及时更新,并在联系信息发生变更时及时调整,以便在调剂过程中能够顺畅地进行沟通和协调。

第四,调剂时间的安排,教材部门在计划集中调剂时,应当明确调剂的时间安排,以提高调剂的效率和效果。通过合理安排调剂时间,可以有效减少教材资源的浪费和过量积压现象。

(五)经调剂后问题的处理

第一,未解决的教材问题处理。尽管经过调剂工作,仍有一些教材问题未能得到有效解决,这种情况时常会发生。在这种情况下,教材部门应及时向各分校发布通知,详细说明调剂未成功的原因,并请求分校的理解与支持。同时,建议分校采取必要的补救措施,如向上一届学生借用教材,以最大限度地减少对教学的不利影响。

第二,教材的合理分发,在教材调剂完成后,教材部门不应急于将所有调剂而来的教材集中分发给少数几个分校,而应当根据实际情况,按照分校报订的数量和调剂情况,采取按比例分配的原则进行合理分配。

第三,自印教材的考虑,在确保合法合规的前提下,教材部门可以考虑联系出版社或作者,以解决学生紧急用书需求为目的,适当自印一些简易教材。这一措施旨在通过提供紧急教材服务,最大程度地减少学生用书方面的紧张情况。

四、高校教材的协调

在高校教材的采购过程中，常常会遇到一系列问题，如教材修改、版次变更、停印以及迟送等情况。面对这些问题，教材部门需要与各方展开协调，迅速提出解决方案。协调工作本身是一门艺术，若处理得当，则工作会顺利进行；反之，则可能带来负面影响。教材管理工作不仅要坚持原则，还需要各方相互配合，通过有效沟通和协调，消除误会，化解矛盾，获得谅解，从而事半功倍。协调过程中需要注意方法，过于急躁可能适得其反，这一点在协调中尤为重要。

（一）与分校的协调

需要与分校进行协调。分校按照教材部门之前公布的教材计划进行教材征订。若教材发生变更，就会引发一系列问题：任课教师需要重新熟悉新教材；分校需要重新上网征订；分校担心重新更换新教材后，原有库存教材（包括辅助教材）是否可退等。这些问题需要教材部门通过协调向分校解释，获得理解，消除担忧，并指导分校做好原教材变更后新教材的征订工作。例如，变更教材没有库存时，可按实际学生人数征订；变更教材有部分库存时，应按增加库存数征订；若存在辅助教材，则需征订数量与主教材相同。因此，教材部门要及时发布通知，让分校根据本校库存教材情况，重新调整新教材的征订数量。对于因教材变更而导致的库存积压教材，必须明确可退货处理，以减少分校的不必要担忧。除了变更协调，还有少发、错发、漏发、多发、空白、缺页、错页、受潮、发霉、破损、缺盘（带）等问题，也需要与分校加强沟通和协调，妥善解决。

（二）与教学系（部）的协调

在教材管理工作中，与教学系（部）的协调是至关重要的一环。教材部门经常需要处理各种教材认定、待定、变更、增减、遗漏等问题，这些问题通常需要与教学系（部）进行有效的沟通与协调，以便及时解决。

教材部门可能会遇到未按学校规定要求认定的情况，或者在复审中发现教材认定有误的情况。一些待定教材尚未完成认定，或者某些系（部）在制订教材计划时漏掉了某些教材，需要补充添加。当采购的教材出现停印或者版次发生较大变化时，教材部门也需要与相关系（部）协商，并征求他们的意见。

教材部门必须保持与教学系（部）的及时联系和密切沟通，确保问题能够快速得到解决。例如，对于采购过程中出现的问题，教材部门应当首先做好教材情况的登记，然后及时通知有关系（部），如实反映教材变化情况，要求系（部）尽快提出处理意见，以便教材部门能够及时进行后续的采购操作。

（三）与出版社或供书商的协调

除了与教学系（部）的协调外，教材部门还需要与出版社或供书商进行频繁的协调，处理各种教材相关问题。这些问题涵盖了教材采购过程中常见的各种挑战，需要教材部门与出版社或供书商积极配合，以便最终解决问题并保证教材的及时供应和使用。

经常发生的问题包括发错教材（少发、多发、错发、漏发等）、印装质量问题（错页、缺页、空白、章节内容颠倒等）、教材受潮、受污、发霉、破损、教材版次与采购单不一致、教材发货耽搁、教材断供、同一教材的出版社变更等。

面对这些问题，采购人员需要在发现问题后立即与出版社或供书商取得联系，详细告知验收情况和处理要求。一旦协调认可，教材部门需书面通知对方，包括供货清单日期、教材信息、问题原因、处理要求等，通过传真进行确认，并妥善保留备查。这些步骤确保了问题的及时解决和后续结算的准确性。

教材部门在教学系（部）与出版社或供书商的有效协调下，能够更加高效地管理和解决教材相关问题，确保教学工作顺利进行。

第三节　高校教材的验收、发放与积压处理

一、高校教材的验收

高校教材的验收过程涉及教材部门仓库对出版社和供书商发来的教材进行核对与接收。

（一）教材到库的核查

教材到库后的核查流程对于保证教育教学秩序至关重要。以下是关键的核查步骤，确保教材的准确性和完整性：①仓库人员在收到教材后，必须立即执行发运单核查。这一步骤包括检查发货总件数是否与发运单相符，确认发货品种与发货清单一致，并核对发货数量是否与清单上的数量相同。这样可以确保从物流到供应商提供的信息准确无误，防止因为数量或品种的不匹配而造成的后续问题。②对每件包装进行标签及外观检查是至关重要的。仓库人员需要检查每件包装是否贴有标签，并确认标签上注明了包装内部所有教材的名称和数量；

开包检查，确保包装没有变形、破损、受潮、发霉或污染等问题，这些情况可能会影响到包装内的教材质量。③在异常处理方面，如果发现了任何问题，如数量与清单不符，仓库人员应当在发运单上详细记录问题，并在验收登记簿上进行记录。随后，他们需要及时通知部门的采购人员，这包括联系供应商并根据实际收到的教材数量进行结算。④仓库人员必须特别注意新旧版教材的混淆问题。有些出版商或供应商可能故意或疏忽地将旧版教材混杂在新版教材中发行。因此，在验收教材时，仓库人员必须仔细辨别，以确保学生最终收到的教材版本是正确的，这样可以避免学习过程中的混淆和困扰。⑤在验收流程中，仓库人员需要确保准确地验收每批教材，并在发运验收单上签名确认后交还给货运人。对于任何异常情况，包括发现数量错误或包装破损等，都需要详实记录在发运单和验收登记簿上。

这些核查步骤和注意事项是为了确保教材到库后的准确验收和问题的及时处理，以维护教学活动的正常秩序和学生的学习效果。通过这些措施，可以最大限度地减少因教材问题而引起的教学中断或混乱，确保教育资源的有效利用和学生学习权益的保障。

（二）教材信息的录入

在教材信息的录入过程中，仓库人员完成教材的验收工作后，他们将获得的发货验收清单移交给专门的录入人员，以进行后续的信息录入工作。录入人员的责任是核实所收到的教材信息是否完全符合验收手续，并且与采购单所列信息一致。这一步骤至关重要，因为任何信息不一致都可能导致后续教材管理系统的错误。

在录入教材信息时，录入人员需要仔细核对每本教材的折扣信息、名称、版别、版次、作者等相关信息，并确保其与采购单所列内容相符。尤其在没有ISBN号的情况下，对教材所属系列的准确性更需特别关注，因为这些信息的准确性直接关系到后续教材的使用效果。

为了杜绝错发教材的情况发生，最佳的方法是在录入过程中严格核对每本教材的真实信息，并在发现问题时及时处理。常见的问题包括教材的版次不一致，特别是低版本的情况。一旦发现折扣信息有误，录入人员应立即与采购方联系核实并进行纠正，以确保后续结算过程的准确性。生成的教材入库单应当一式两份，其中一份用于学校财务部门进行账务处理，另一份则由教材部门进行存档备查。这样的做法不仅有助于确保账目清晰准确，也为后续的教材管理提供了方便。

这些关键点提炼了教材信息录入过程中的重要步骤和注意事项，以确保教材管理系统中的信息准确性和真实性，从而有效地支持教学工作的顺利开展。

（三）教材的入库安排

在教材入库过程中，合理的堆放是确保教材管理和利用效率的重要环节。

第一，根据教材的性质、数量和类别等因素，学校会将不同类型的教材分别安置在不同编号的仓库中。这种分类堆放的方式，能够使得每种类别的教材都有明确的分类标识，便于识别和存取。例如，经济管理类、金融财会类、外语类以及理工类的教材会被分别归类，放置在标注为仓库1、仓库2等的库房中。这种细致的分类和明确的标志不仅便于新手快速掌握取书和配书技巧，也提高了教材存取的便捷性。限于学校仓库的面积，同一仓库内堆放不同类别的教材也是一种常见的选择。为了在有限的空间内做到合理的布局，需要在堆放教材时事先进行详细的规划和布局设计。这种情况下，不同类别的教材应该相互分隔一定距离，并且同类或相近类的教材可以集中放置，以确保堆放的效率和方便性。总体来说，这些规划和布局的原则主要考虑到取用的便利性和效率的提高。

第二，堆放教材时需要满足一定的基本要求。为了更有效地利用仓库空间，通常采用立式堆放的方式，从而最大化地提高仓库的空间利用率。此外，为了防止教材受到雨水或地面湿气的影响，教材应该放置在垫垛上，不直接接触地面。堆放的高度必须合适、稳固，并符合仓库操作、教材保护以及消防安全的要求，避免堆放过高导致不稳定而引发的安全事故。堆垛之间需要留出适当宽敞的通道，以便使用小推车方便地进出教材。

第三，在教材入库的过程中，必须进行详细的检查和登记工作。新进的教材需要在"入出库教材登记卡"上进行详细记录，包括教材的名称、版别、版次、作者、定价、进库日期、进货单位、入库数量等信息。这些信息的记录是为管理和跟踪教材的来源和数量变化提供依据。同时，还需要特别注意区分新进教材与已有库存教材之间的差异，以防止同名但版次不同的教材混淆，避免因此导致的教学或管理上的错误。

第四，对于使用新版教材后的旧版教材，必须及时予以封陈并集中存放，以便在结算时一并退回给供书方。这样的处理方式不仅有助于节约仓库空间，还能使得教材库存更加清晰和有效管理。

这些关键点和措施能够有效保证教材在入库时的合理堆放、安全管理以及有效的管理记录，从而支持和促进学校教学和管理工作的顺利进行。

（四）教材验收情况处理

在处理教材验收情况时，通常会面对来自供书方及分校的各种问题和反馈。

1. 验收供书方教材发现问题的处理

（1）发错教材（少发、多发、错发、漏发）的处理。教材在供应链的采购、发货等环节出现问题时，首先需要在专门的登记簿上详细记录。对于少发或漏发的教材，必须与供书方核实后要求及时补发。如果出现多发的情况，应通知对方并进行临时代管，可以提前发退以减少供书方的损失。对于错发的教材，需要要求供书方查明原因，并及时补发正确的教材。如果错发教材数量较大，处理方式与多发教材相似，可以提前发退。

（2）外包装破损导致教材受损、受污、受潮、发霉的处理。一旦发现教材在外包装破损的情况下受损、受污、受潮或发霉，应首先确认受影响的具体范围，然后将不能发行的教材挑出来进行统计并做好登记。随后，通知供书方详细说明情况，并要求其重新补发或换发这部分受损的教材，以确保最终用户接收到的教材是完好无损的。

（3）教材内部质量问题的处理。一旦发现教材内部有排版、印刷或装订方面的质量问题，如缺页、空白、印刷错误等，必须立即统计数量并作登记。随后，立即通知供书方进行更换处理，以保证学生可以获得质量符合要求的教材。

2. 对分校验收教材中发现问题的处理

（1）分校验收问题的处理。分校在验收教材后，如发现任何问题，教材部门应立即重视并作出积极回应。首先要组织人员快速查明问题的根源，并坚持以教学为重的处理原则。在与分校取得沟通后，应尽快采取稳妥的解决措施。通常，分校教材人员只对送到的教材总件数进行核查，不会立即对所有教材逐个开包检查，因此一些问题可能不会立即反映出来。

（2）少发、漏发问题的处理。如果分校验收时发现少发或漏发的教材，如缺少《国际贸易》教材，教材部门首先应自查库存确认是否存在库存多出与分校缺少数一致的情况。如果库存数正常，则需进一步判断可能出现的几种情况：分校核实可能有误、其他品种（如《贸易实务》）是否被错发给了分校等。随后，根据实际情况通知分校网上重订缺少的教材，并在进一步核查后作出补救措施。如果确认发错，则教材部门需承担责任，并在结账时扣除分校重订教材的数目。

（3）错发、多发问题的处理。如果出现错发或多发的情况，应及时通知分校统计相关教材的数量，并安排调换或返还。及早处理这些问题可以减少不必要的采购浪费，有效利用资源。

（4）教材质量问题的处理。如果分校验收时发现教材存在严重的质量问题，如缺页、空白、印刷错误等影响学生实际使用的问题，教材部门应立即更换处理，确保分校学生能够获得符合质量要求的教材。

对于教材管理中可能出现的各类问题，及时记录、通知和调查核实是解决问题的关键步骤。通过这些措施，可以保证教材管理过程中问题的及时解决，从而确保学校各分校和学生能够正常顺利地进行教材的使用和教学活动。

二、高校教材的发放

（一）配置教材

教材的配置是一个关键且复杂的过程，涉及从仓库到不同分校（或客户）的发放工作，这个过程不仅需要在特定时间内对不同品种和数量的教材进行分配、打包和准备发放，还需要确保教材在发放过程中的准确性和完整性。教材的配置时间选择取决于当前已收到的教材品种和数量。通常，教材到位率达到50%—60%时，就可以开始组织配置工作。在配置期间，随着供应商持续送达更多的教材，品种和数量都会不断增加。因此，在50%—60%的到位率开始配置是合理的安排。然而，具体何时开始配置，应根据教材部门的统一安排决定。

配置教材的步骤涉及一系列系统化的操作：首先，工作人员需要打印出配置分校的出库清单，然后分派配置人员按照清单进行分工配置。

在教材配送过程中，每一个步骤都至关重要，确保教材的准确性和及时性，以顺利完成发放工作。配书人员根据出库清单操作，逐一标记教材的名称，并将配好的教材集中放置在指定区域，以便后续的包装和核对。在包装阶段，指定的人员根据清单逐一核对教材，确保教材无误后，根据教材的开面大小和包装数量，按照标准进行打包。每件包装都必须清楚标明教材的名称、数量以及分校的名称或代号，以便后续的检查和识别。

教材配送还需注意一些重要事项。在配送新版教材时，通常需要处理尚可利用的旧版教材，以减轻库存积压损失。此时，需要事先征求教学系（部）的意见，或者根据他们的意见将旧版教材集中分配到指定的几所分校内使用。这些措施应当在教学系（部）的教研活动例会上得到详细说明。然而，在发放旧版教材时，应保留一定数量，以便应对个别分校的追加补订需求。这样做有助于避免出现一个班级或一个分校同时使用新旧两种版次教材的情况，从而避免学生的混淆和误解。

为了提高配书工作的效率和质量，根据多年的观察和实践，有一些方法是值得采纳的。配书人员在配对教材时，可以使用约10cm×8cm的小卡片或纸条，直接在包装件上标明教材的分校代号、教材序号和件数，或者将这些信息插入到教材页内。这些小卡片应当放置在堆放教材的醒目位置，方便后续工序的其他人员进行检查和复核。在检查和核对时，打包人员需要依据这些小卡片和包装件上的信息，清点教材的品种和数量是否准确，并在出库单上对配送的教材进行确认。

对于含有两种以上教材的拼包，打包人员需要在包装件上明确注明"拼包"字样，以便分校进行验收时能够及时识别。

以上的关键点和注意事项，以及提高效率的方法，都是为了确保教材配送过程的顺利进行。这些措施不仅有助于提高工作效率，还能保证教材配送的准确性和及时性，从而顺利完成教材的发放工作。

（二）发送教材

教材的发送在教材发行过程中扮演着至关重要的角色，直接影响到分校和学生是否能够及时获取所需教材，以备下学期的学习使用。这一过程需要对人力、物力和时间资源进行合理的安排和协调，通常采用直接送书和分校自提两种方式进行。一般情况下，优先选择直接送书，其次才考虑分校自提。

在进行教材发送之前，教材部门必须发布送书通知，明确送书的要求和时间，并确保与各分校的接受验收人员以及送书车辆保持良好的联系；制定送书路线并对教材进行仔细核对，以确保准确性，并避免发生混装的情况。最佳的送书时间通常安排在开学前的四周，但需要根据各地学校的具体情况进行灵活调整。

在实际进行教材发送时，教材部门要求指定专人进行最后的检查，确保教材的总件数无误，并确认各分校已做好接收准备。合理规划行车路线，以节省运费，并确保准确的装卸操作，避免发生混淆。分校接收人员在收到教材后需要立即进行清点核实，并在出库单上签名确认验收记录。驾车司机在送书过程中需格外注意安全，做好防雨准备，以免教材受潮损坏。

教材发送作为教材发行的重要环节，其顺利进行对于保证学校教学秩序和学生学习进程具有不可替代的作用。只有通过合理的组织和严密的执行，才能确保教材能够准确、及时地送达各分校，为学生的学习提供有力的支持。

（三）自提教材

教材部门在过去的 2—3 周内进行了集中发送工作，成功将 90% 以上的教材送达各分校，这一举措显著减轻了分校在教材配送方面的工作压力。剩余未送达的教材约占总数的 10% 以内，主要包括一些分校追加的补订订单和尚未到货的教材。为了满足分校的急需，分校可以安排自己的车辆前去自提，或者委托教材部门联系物流公司安排提货。自提教材的时间通常安排在开学前一周，以确保教材能够及时送达。

根据地域范围和交通资源情况的不同，对于管理地域范围较小，尤其是市区及靠近市区的分校，可以考虑部分自提教材。而对于地域广且受到交通资源限制的分校，则可能需要全部送货上门。安排自提教材时，需要事先预定好时间，以便教材部门通知仓库提前准备足够数量的教材。如果分校无法安排车辆，也可以考虑由教材部门代为联系物流公司，所需的运费一般由分校承担。

总之，教材部门承担大部分教材送货上门服务，最大限度地减轻了分校自提教材的压力，因此这一服务措施受到了广大分校的一致赞誉和欢迎。

（四）对未到教材的梳理

为了确保教学活动的正常进行，开学前教材部门进行全面而细致的审查所有采购的教材显得至关重要。供书方未能及时送达教材的原因有多种，包括供书方自身的疏忽、部分教材需要预付款而未能及时购进，或者供书方认为教材部门已经解决问题而没有立即发送的情况等。这些因素可能导致少量补订的教材未能按时送达,进而影响到教材的课前到位和学生上课时的用书需求。

通过梳理,教材部门能够实现两个主要目标:一是及时查漏补缺,发现问题并尽早采取措施补发教材。例如,可以检查目前还有多少补订的教材没有送达,如有必要,及早通知供书方加紧送货,以保证教材在开学前能够到达仓库并迅速发放到分校,不影响学生正常上课。二是对于已经解决的补订教材(如退库或停招专业的教材),可以根据实际需求情况进行调整采购计划,如通知供书单位减少或停止发送教材,以减少双方的不必要损失。

(五)对未到教材的处理

教材管理的首要任务是确保教学用书能在开学前或上课前按时发放,以维持教学秩序的正常运行。但由于教材修订、改版、加印以及供书单位效率和物流问题等多种因素的影响,往往会导致部分教材未能如期送达。面对这一现象,教材部门需要与发行单位保持密切沟通和协调,同时向分校和教学系(部)做出详细解释,帮助他们及时调整课程安排。

为了应对这一情况,教材部门采取了一系列具体措施。他们会向各分校发布通知,清楚列出未到教材的名称及预计到位的时间,使分校能够提前做好教学准备。教材部门会分别向学校各个教学系(部)发送未到教材的清单,协助系(部)办公室根据实际情况调整课程安排,确保教学不受影响。

这些措施不仅仅是对未到教材问题的应急处理,更是对教材管理工作中预见到的挑战进行积极应对的体现。通过及时沟通、透明度和详细解释,教材部门有效地降低了未到教材可能引发的教学混乱风险,保证了教学工作的顺利进行。

（六）教材发行中诚信问题

教材发行过程中经常涉及诚信问题，特别是在分校收到教材后的实际清点阶段。一般来说，分校只能对收到的教材数量进行简单核对，与发货单上的数量是否相符。由于时间和人力等限制，分校无法逐件拆包检查教材，因此在教材实际到达后可能出现少发或漏发的情况，这时教材部门无法进行核实，只能依据分校的清点结果来确认实际情况。

这种发行模式决定了教材发行中存在的准确性争议几乎是不可避免的。解决这一问题的关键在于供需双方的诚实守信。教材部门必须依赖于分校的清点信息，即使在出现问题时也只能尊重分校的清点结果。尽管如此，教材部门在与发行单位沟通时，仍需要通过加强信任和协商来尽量减少这类问题的发生。

要想从根本上改变这种情况几乎是不可能的，教材管理者必须致力于通过提高诚信意识和建立良好的合作关系来解决由清点信息不对称引发的难题。这种方式不仅能够减少争议，还能促进教材发行工作的顺利进行，为学校的教学活动提供稳定和可靠的支持。

三、对库存积压教材的处理

处理库存积压教材问题是教材管理工作中的一个重要方面，其复杂性和多样性需要系统的分析和综合的解决方案。下面将详细探讨库存积压教材问题的根源、有效的处理方法，以及建立相关制度和措施的重要性。

1. 问题的复杂性与原因分析

库存教材积压的原因包括多种客观和主观因素。从客观上来看，长期积压可能是因为教材的订购量预测不足或者教学计划频繁变更导致的，这些因素使得原本计划使用的教材无法如期消耗完毕。而从主观方面来看，决策失误和短期处理不当也是导致库存积压的重要原因，如过量采购或者没有及时调整采购计划。

此外，有些库存教材虽然不再需要，但由于无法退回或者退回不便，只能作为报废处理，造成了不小的经济损失。因此，理解和分析积压教材形成的原因是解决问题的第一步。

2. 有效的处理方法

为了解决库存积压教材问题，可以采取多种有效的处理方法。

第一，分校调剂与其他学校调剂。通过分校调剂和与其他学校调剂的方式，将积压的教材重新分配到需要的地方。这种方式不仅能够减少浪费，还能提高教材的利用率，从而降低经济损失。

第二，找到消化途径。关键在于找到适当的消化途径，重点考虑积压教材的继续使用价值。有些教材可能在新旧版次之间只有轻微的变化，可以通过教研活动和适当解释，使得旧版教材依然可以被有效使用。

第三，具体的积压情况处理。①自编教材版次升级：自编教材随着版次升级可能会导致旧版教材的积压，可以通过与教学系（部）相关主持教师商量，集中指定若干分校范围，消化掉部分旧版教材。主持教师需要在教学活动中向使用旧版教材的分校任课教师做适当的解释，说明新旧版教材的区别，并补充必要的教学要求，从而减少使用旧版教材带来的不便。②自编教材改为正式出版：自编教材改为正式出版后可能会导致大量的库存积压。尽管内容有所变化，但如果这些变化并不影响教材的使用和教学效果，可以考虑通过分校的方式消化掉这些库存教材，以减少资源浪费。③尚有使用价值的教材：有些积压的教材并不是因为内容过时，而是由于教学计划变更或者采购时的预估不足等原因导致的多余库存。教材部门可以积极与教学部门和主持教师沟通联系，在不影响教学质量的前提下，尽可能选用这些库存的教材，以减少新教材的采购需求。④长期合作供书方采购：如果库存积压的教材是从长期合作的供书方那里采购而来，尽管积压了一段时间，但由于其供应和发行渠道广阔，可以设法通过这些渠道调剂出积压的教材，减少资源的浪费。

3. 解决方案的推动和支持

要想有效解决库存积压教材问题，教材管理部门需要得到分校各级领导、教务教学管理部门以及广大教材管理人员的重视、支持和配合。只有这样，才能确保制定的解决方案得以落实和执行，从而有效控制和降低教材库存积压的问题。

4. 制度和措施的建立

为了从根本上减少教材积压的问题，还需要建立和完善相关的制度和措施。这些制度和措施应当包括：

第一，教材采购预测和管理制度的优化。建立更为精准的教材采购预测机制，避免过量采购和库存积压的发生。

第二，教材使用和更新规定的明确。对于自编教材的使用和更新，制定明确的规定和标准，以确保教材的及时更新和合理使用。

第三，教材调剂和交流平台的建设。建立有效的教材调剂和交流平台，便于各校之间的教材资源共享和调剂，从而减少浪费和损失。

第四，教材管理流程的优化。优化教材的管理流程，确保教材的采购、分配和使用能够更加高效和透明。

第五，教材库存监控和报废处理机制的建立。建立教材库存的实时监控机制，并制定合理的报废处理机制，对于不再使用或者过期的教材进行及时处理，减少资源的浪费。

处理库存积压教材问题不仅是一项技术活儿，更是对管理学的一个挑战。通过合理的规划和管理，结合多方的配合和支持，可以有效降低教材库存积压带来的经济损失,提高教材资源的利用效率,从而为教育教学工作提供更好的支持和保障。在未来的工作中,教育管理者和相关部门应当进一步加强合作,共同推动教材管理工作的规范化和现代化,为构建资源节约型社会做出积极的贡献。

第四节 高校教材信息系统设计与管理探究

一、高校教材信息系统设计

(一)教材信息系统设计的原则

第一,安全性原则。对于高校教材信息系统而言,安全性是最为关键的因素,也是其首要的硬性要求。若无法确保系统的安全性,系统将极易受到病毒、木马等恶意软件的侵害。因此,必须对系统的整体架构进行科学而有效的规划,确保系统在多个方面的安全性。这不仅仅包括管理层面的安全性,还涉及数据信息的安全性。在管理安全方面,不仅要确保管理过程的规范性和有序性,还需明确系统管理权限的层次等级,实现管理人员的权限与其层次等级相匹配。通常情况下,管理人员的层次等级越高,其拥有的权限也就越大。在数据信息安全方面,鉴于当前网络环境中大多数安全问题均与数据信息安全相关,提高数据信息安全的保障水平是至关重要的。有效的数据加密技术是保障数据信息安全的重要手段,它能够确保系统内部存储的信息数据不被非法获取,从而大幅提升系统的整体安全性。

第二,保密性原则。保密性原则的实施对象主要是管理人员,其核心在于确保管理权限的合理分配和控制。在具体实施过程中,必须依据管理人员的权限等级来设定操作权限,以确保任何操作均在其权限范围内进行。对于外部应用的访问请求,需要经过严格的审查流程,只有在确认其访问请求不会对系统安全构成威胁后,方可允许其访问系统接口。

第三,管理与操作优先级原则。在使用过系统之后,用户会形成一个对系统易用性的主观评价,这些评价直接反映了系统的用户体验。用户在使用系统时的操作舒适度、系统界面设计的美观性等因素,都是管理人员和设计人员需要重点关注的问题。系统应以用户需求为核心,通过实践中的持续优化和完善,不断提升系统的用户友好性和操作效率。

第四,用户界面原则。在设计高校教材信息系统的用户界面时,创新思维的运用至关重要。系统不仅需要具备简洁直观的外观设计,还应提供新颖的交互体验,以激发用户的兴趣。系统的界面设计与内在功能之间应保持紧密的联系,通过良好的界面设计提升用户的工作效率,使用户能够在最短时间内完成所需操作,从而增强用户对系统的认同感。因此,这一原则对于确保用户体验和系统可用性具有重要意义。

第五,易扩展性原则。在高校教材信息系统的实际应用过程中,除了对初始设计的功能进行优化,还可能需要新增一些以前未包含的功能。此时,系统的易扩展性就显得尤为重要。若系统具有强大的可扩展性,添加新功能时可以实现高效率,快速完成功能扩展;反之,若系统的可扩展性设计不佳,添加新功能时可能会遇到诸多困难,需要投入大量时间进行功能扩展。因此,易扩展性原则对于确保系统适应未来发展需求和提高更新效率具有重要意义。

第六,易用性原则。易用性原则的核心目标是为用户群体提供优质的服务体验,通过简化操作流程,减少用户的学习成本,使其能够快速上手并高效使用系统。系统还应提供必要的指导与帮助功能，尤其是在内容管理模块中，智能化的辅助功能能够显著提升用户的工作效率。

（二）教材信息系统设计的目标

高校教材信息系统的设计旨在为测试员工提供所需文件，并高效地实现查询等功能，从而增强人机交互的效率。为维护系统的安全性，设计过程中需采用登录验证机制，确保信息的安全性。教材信息系统设计要基于国内外教育管理系统的发展现状，吸收当前最先进的理论经验和成熟技术，构建管理系统。

第一，跨平台需求。教材信息系统的设计，无论是服务器还是客户端，均采用市场上应用性最强的系统，系统架构能够实现跨平台操作，显示出其优越性。

第二，可扩展性。高校教材管理系统对可扩展性有较高要求，主要指系统能够良好实现各项功能，满足当前用户需求，并能与其他系统进行数据对接，实现数据共享和交流。系统还需确保后期功能能够优化拓展，进行改造升级。通过多元化措施确保系统的可扩展性得以实现。

第三，高安全性。高校教材管理系统负责管理校内各专业的教材，数据安全至关重要。在设计过程中，需重视数据安全性，确保系统与数据库的交互行为处于安全状态，并防止用户恶意攻击和破坏系统正常运行。对于系统中关键数据，应采取加密手段，确保数据信息的私密性，做好保密工作。

二、高校教材信息系统管理

（一）教材信息系统管理的目标与意义

高校教材信息系统管理的目标与意义在当今教育体系中显得尤为重要。随着高校学生人数和课程种类的不断增加，教材信息管理系统的有效运作直接影响到教学质量和学生的学习体验。

高校教材信息系统管理的目标主要有以下方面：首先，确保教材的准确性和及时性。通过完善的系统，学校可以及时更新和维护教材信息，确保学生能够获得最新、最准确的教材版本。其次，教材信息管理系统可以提高效率，减少人工干预的工作量。通过自动化的系统，学校可以快速分发教材，减少学生购买和获取教材的困难。此外，系统还可以帮助学校合理规划和分配资源，从而优化教学成本。

高校教材信息系统管理在教学和学习过程中具有重要意义。对于学生而言，教材信息系统可以提供及时、准确的教材信息，使他们能够更好地准备和参与课程。对于教师而言，系统可以帮助他们更好地了解学生的学习情况，及时调整教学计划。系统还可以促进教师和学生之间的交流，提供一个便捷的平台用于讨论和共享教学资源。

（二）教材信息系统的使用与管理分析

高校教材信息系统是现代教育管理中的关键工具，其有效使用与管理对于高校教学工作的质量和效率至关重要。在这个系统的使用与管理方面，我们可以从用户权限与角色管理、教材信息的查询与检索以及教材信息的统计与分析等方面进行探讨。

1. 用户权限与角色管理

在高校教材信息系统中，用户权限与角色管理是确保系统安全性和数据完整性的重要环节。系统应根据不同用户的角色和职责，分配相应的权限。这些角色可能包括教师、学生、管理员等，不同角色的用户在系统中具有不同的访问权限。例如，教师可能需要查看和修改自己教授课程的教材信息；学生可能仅限于查看与自己课程相关的教材信息；管理员则需要具有更高的权限，以便管理和维护整个系统。用户权限的合理划分不仅有助于保护系统数据的安全性，还能确保用户能够高效地完成各自的任务。系统应当提供灵活的权限设置机制，以满足高校中不同岗位和职能的需求。此外，系统还应具备审计和日志功能，以便追踪用户的操作，确保系统的透明度和可追溯性。

2. 教材信息的查询与检索

教材信息的查询与检索是高校教材信息系统的核心功能之一。用户需要便捷、快速地检索与其工作相关的教材信息。因此，系统应提供多种查询与检索方式，如按课程、按学科、按作者等不同维度进行检索，通过关键词搜索、模糊搜索等方式，提高查询的灵活性和精准度。除了基本的检索功能，系统还应提供高级检索功能，如按出版年份、版本号、出版社等高级条件进行筛选。这些功能有助于用户更快速地找到所需的教材信息，从而提高工作效率。此外，系统应提供相关教材的详细信息，如书籍封面、简介、目录等，以便用户在选择教材时有更多的参考依据。

3. 教材信息的统计与分析

高校教材信息系统中的教材信息统计与分析功能对于学校管理者和决策者来说至关重要。通过对系统中大量数据的统计与分析，学校可以了解不同课程和学科的教材使用情况，为课程设置和教学资源的分配提供数据支持。统计与分析功能可以帮助学校了解哪些教材最受欢迎，哪些课程的教材需求量最大，以及不同学科的教材使用情况。

通过对这些数据的分析，学校可以优化教材的采购和分配策略，减少浪费，提高资源的利用效率。此外，系统应为学校的教学改革和创新提供支持。通过分析学生对不同教材的评价和反馈，学校可以更好地了解学生的需求和偏好，从而调整教学策略，提高教学质量。

（三）教材信息系统的安全与维护措施

高校教材信息系统作为现代教育管理中的重要工具，其安全与维护对于保障系统稳定运行和数据安全至关重要。在探讨高校教材信息系统的安全与维护措施时，可以从数据备份与恢复策略、系统安全防护与风险评估以及系统维护与优化的措施等方面进行分析。

1. 数据备份与恢复策略

数据备份与恢复策略是保障高校教材信息系统数据安全的核心措施之一。系统中的数据包括教材信息、用户信息、使用日志等，这些数据对于高校教学和管理具有重要意义。为了防止数据丢失或损坏，系统应定期进行数据备份。备份应采取多种形式，如全备份、增量备份和差异备份，以满足不同场景下的数据恢复需求。备份的数据应存储在安全可靠的地方，如异地数据中心或云存储，以确保在系统发生故障或遭受攻击时数据依然安全可用。备份过程应进行严格的监控和管理，确保备份数据的完整性和可恢复性。学校应制定详细的数据恢复方案，明确数据恢复的步骤和流程，以便在发生数据丢失或损坏时能够迅速恢复系统的正常运行。

2. 系统安全防护与风险评估

在高校教材信息系统的管理中，系统安全防护和风险评估是确保系统稳定和信息安全的关键措施。系统安全防护涉及多层次的安全手段，包括防火墙、入侵检测系统和安全审计等。这些措施旨在防范黑客攻击、恶意软件以及数据泄露等多种潜在威胁，保护系统免受外部和内部的攻击和破坏。

除了积极的安全防护措施，定期的系统风险评估也是至关重要的一环。这种评估应涵盖网络安全、数据安全和应用程序安全等多个方面，以便全面识别潜在的安全漏洞和风险点。通过风险评估，学校可以及时发现并修复系统中的安全漏洞，从而降低系统面临的各类安全风险。

高校应制定有针对性的安全策略，并据此实施相应的安全措施。这些安全策略需要根据具体的系统特点和风险评估结果进行调整和更新，以确保其有效性和实施性。针对性的安全策略不仅可以帮助高校应对现有的安全威胁，还能够预防未来可能出现的新型威胁。

高校管理教材信息系统时，应当采取多层次的安全防护措施，定期进行系统风险评估，并据此制定和实施有效的安全策略。这些措施的落实将有助于保障系统的安全性，确保信息安全和系统稳定运行，有效地支持教育和教学工作的开展。

3. 系统维护与优化的措施

系统维护与优化是确保高校教材信息系统稳定运行和高效运作的重要措施。学校应制订系统维护计划，定期对系统进行检查和维护，确保系统硬件和软件的正常运行。维护内容包括更新操作系统和应用程序、清理系统日志和缓存、优化数据库性能等。在系统维护过程中，学校应重视对系统的优化。通过分析系统的运行情况和用户反馈，学校可以发现系统中的瓶颈和不足之处，采取相应的优化措施。例如，通过调整数据库索引、优化查询语句和提高硬件性能等手段，可以提高系统的响应速度和处理能力。学校应对系统进行定期的性能测试和压力测试，以评估系统在高负荷情况下的表现。通过测试，学校可以提前发现潜在的问题，采取相应的解决措施，确保系统在高峰期的稳定运行。

第六章　高校教材管理的数字化系统构建

第一节　数字化教材建设质量评价指标

质量评价指标在数字化教材建设中具有极其重要的作用，为数字化教材的设计、开发、实施和评估提供了明确的框架和指导，有助于确保数字化教材的质量和有效性，最终提高学习者的体验和学习效果。

一、数字化教材建设质量评价指标体系的构建原则

第一，科学性原则。科学性原则强调数字化教材评价指标体系的设计和制定应基于科学研究和理论框架。这一原则要求指标体系建立在广泛的教育学、认知科学和教学设计等领域的理论和研究成果基础之上。这将确保指标的有效性和可靠性，并有助于实现教育目标。科学性原则还要求评价指标的制定应通过实证研究和数据分析进行验证，以确保其在实际教学中的可行性和适用性。为了体现科学性原则，数字化教材的开发者应关注最新的教育技术和教学方法，并结合具体的课程目标和学习者需求设计教材。开发者还应关注数据分析和评价结果，以不断调整和优化指标体系，使其与教育实践相契合。

第二，系统性原则。系统性原则强调数字化教材评价指标体系应具有整体性和协调性。指标体系应涵盖数字化教材的各个方面，如内容质量、教学设计、技术表现、互动和参与、可访问性、评估与反馈、用户体验等。这种全面的体系将确保评价过程的全面性和客观性，从而提供对数字化教材质量的全面评价。系统性原则还要求指标体系应体现各个指标之间的相互关系和关联。例如，内容质量和教学设计之间存在密切联系，教学设计应支持并增强内容质量。此外，技术表现和用户体验之间也存在相互影响关系，优质的技术表现将提高用户体验。

第三，可操作性原则。可操作性原则要求数字化教材评价指标体系应易于实施和操作。指标体系应以清晰、明确的方式呈现，以便教育工作者、开发者和评估人员能够理解和应用。这一原则要求指标体系中的每个指标都应具备可测量性和具体性，便于进行定量和定性评估。为了确保可操作性，指标体系应提供明确的评价标准和参考标准，使评估人员能够对数字化教材的质量进行客观、准确的评价。此外，指标体系应提供指导性建议，帮助开发者和教育工作者根据评价结果采取相应的改进措施。

第四，动态性原则。动态性原则强调数字化教材评价指标体系应具备灵活性和适应性，以应对不断变化的教育环境和技术发展。随着教育技术和教学方法的不断进步，指标体系应能够及时更新和调整，以反映最新的研究和最佳实践。为了实现动态性原则，数字化教材评价指标体系应建立在持续监测和评估的基础上。通过定期收集和分析数据，教育工作者和开发者可以及时识别数字化教材中的问题和不足之处，并根据评价结果进行调整和改进。此外，指标体系应鼓励创新和实验，支持新教学方法和技术的尝试和应用。

二、数字化教材建设的内容质量评价指标

在数字化教育资源开发与评估中具有重要地位。这些评价指标旨在确保数字化教材的内容满足高质量的标准，从而提供有效的教学和学习体验。

第一，内容的准确性与权威性。内容的准确性与权威性是数字化教材内容质量评价的核心指标之一。教材内容应基于权威、可靠的来源，确保其准确性和真实性。开发者应引用经过验证的资料和权威学者的研究成果，以确保教材的内容符合最新的科学和学术标准。此外，教材中的数据、事实和观点应与最新的研究成果保持一致，以确保学习者获得最新、最准确的信息。开发者还应在教材中提供适当的参考资料和来源信息，以便学习者进一步查阅和验证相关内容。

第二，内容的丰富性与深度。内容的丰富性与深度评价指标强调数字化教材应提供全面、多样化和深入的内容，这包括对各个主题的全面覆盖，以及对关键概念和技能的深入探讨。丰富而深入的内容将帮助学习者全面理解课程主题，并发展相应的知识和技能。此外，数字化教材应提供多种形式的学习资源，如文本、图像、音频、视频等，以满足不同学习者的需求和学习风格。这种多样化的内容呈现方式将有助于提高学习者的参与度和学习效果。

第三，内容的更新与维护。内容的更新与维护是数字化教材质量评价的重要指标之一。随着知识和技术的不断发展，教材内容应及时更新，以确保学习者获得最新、最准确的信息。开发者应建立有效的更新机制，定期审查和更新教材内容，以反映最新的研究成果和教学实践。此外，教材的更新和维护应确保内容的连续性和一致性。开发者应在更新内容时，确保教材各部分之间的逻辑联系和连贯性，以避免出现不一致或冲突。

第四，内容的组织结构与逻辑性。内容的组织结构与逻辑性评价指标强调数字化教材应具有清晰、合理的组织结构和逻辑关系。教材内容应按照一定的逻辑顺序和教学目标进行组织，以帮助学习者逐步理解和掌握课程内容。教材内容的组织结构应体现从简单到复杂、从概念到应用的教学原则。开发者应合理安排各个主题和模块的顺序，以确保学习者在学习过程中逐渐积累知识和技能。此外，教材中应提供明确的章节和模块划分，以及清晰的标题和小节，以便学习者能够轻松导航和理解内容。

三、数字化教材建设的技术质量评价指标

对于保障教材的顺畅运行、提升用户体验以及实现高质量的教学效果至关重要。下面将从多个方面深入探讨数字化教材建设的技术质量评价指标，并阐述其在教育资源开发和使用中的作用。

第一，平台的稳定性与可靠性。数字化教材所依托的平台稳定性与可靠性是衡量技术质量的重要指标之一。平台的稳定性直接关系到教材内容的访问和使用体验。开发者应确保平台在不同设备和网络环境下的兼容性，并具备抵御恶意攻击和数据泄露的能力，以确保用户数据的安全。此外，平台的可靠性体现在教材的可持续性和长久可用性上。开发者应通过定期维护和更新，确保平台的持续稳定运行，避免教材内容因技术故障而无法正常访问的情况。可靠的平台为学习者提供持续、稳定的学习环境，从而保障教学效果。

第二，交互功能的完善性与易用性。交互功能的完善性与易用性是数字化教材技术质量评价的核心指标之一。完善的交互功能能够提高学习者对教材的参与度，促进主动学习。交互设计应考虑学习者的不同需求，提供多种形式的交互，如文本、音频、视频等。易用性是交互功能的关键指标之一，要求教材的界面设计简洁直观，操作流程

顺畅。学习者应能够轻松找到所需内容和功能，快速熟悉教材的操作方式。此外，开发者还应重视无障碍设计，确保所有学习者，包括有特殊需求的学习者，都能够平等地使用教材。

第三，多媒体元素的丰富性与质量。数字化教材中多媒体元素的丰富性与质量是技术质量评价的重要指标。多媒体元素，如图像、音频、视频等，能够增强教材内容的可视化和生动性，提高学习者的理解和记忆。在选择多媒体元素时，开发者应确保其与教材内容的关联性和匹配性。此外，多媒体元素的质量也至关重要。开发者应选择清晰的图像和视频，确保音频质量清晰流畅。高质量的多媒体元素能够增强学习者的学习体验，提高教材的吸引力和教育效果。

第四，响应速度与用户体验。响应速度与用户体验是数字化教材技术质量评价的重要方面。教材的响应速度直接影响学习者的学习效率和体验。开发者应通过优化代码、减少冗余数据以及选择合适的服务器和网络架构，确保教材内容的加载和运行速度。良好的用户体验不仅体现在教材的响应速度上，还包括教材界面的设计、导航的便捷性以及整体操作的流畅性。此外，开发者应通过用户测试和反馈，不断优化教材的用户体验，确保其符合学习者的期望和需求。

四、数字化教材建设的教学应用质量评价指标

数字化教材在现代教育中扮演着日益重要的角色，其教学应用质量评价指标是衡量数字化教育资源在实际教学中有效性的关键标准。这些指标的有效实施有助于确保数字化教材在教学目标、方法、资源以及学习监控和反馈方面满足高质量的标准，从而提升教学和学习体验。

第一，教学目标的明确性与达成度。教学目标的明确性与达成度是评价数字化教材在教学应用质量方面的首要指标。明确的教学目标

是设计和开发数字化教材的基础,它们指引着教学过程中的各个环节。教学目标应与课程标准和学习者的需求相一致,确保其可测量、可实现,并在时间范围内可达到。数字化教材应通过清晰的课程结构、模块划分和学习路径,帮助学习者明确学习目标,并在学习过程中逐步达到这些目标。此外,开发者应提供多样化的评估方式,以确保学习者对教学目标的达成情况得到准确评价。

第二,教学方法的创新性与有效性。教学方法的创新性与有效性可以使学生对数字化教材增强兴趣和主动性,提高学习效果。数字化教材应结合多种教学策略,如互动教学、案例教学、情境学习等,以满足不同学习者的需求和学习风格。教学方法的有效性体现在教材设计中对学习者不同需求的响应上,包括因材施教、适应性教学等。此外,开发者应通过对教学方法的研究和测试,确保数字化教材在实际应用中的有效性,并根据评估结果不断调整和优化教学策略。

第三,学习资源的丰富性与关联性。学习资源的丰富性与关联性评价指标强调数字化教材应提供多样化、丰富且相关的学习资源,以支持学习者全面、深入地理解和掌握课程内容。这些资源包括文本、图像、音频、视频、模拟实验等多种形式。学习资源的关联性体现在其与教学目标和课程内容的紧密结合上。数字化教材应通过合理的资源整合和组织,确保学习者在学习过程中能够获得与课程主题高度相关的资源。此外,开发者应关注学习资源的质量,确保其准确性和权威性。

第四,学习过程监控与反馈机制。学习过程监控与反馈机制是数字化教材教学应用质量的重要评价指标。通过有效的学习过程监控,教育者能够及时了解学习者的学习进度和表现,并在必要时提供个性化的指导和支持。反馈机制是学习者在学习过程中获得及时、有效反馈的重要手段。数字化教材应提供多种反馈方式,如即时反馈、对错反馈、评语等，以帮助学习者纠正错误、强化正确知识点，并保持学习动力。开发者应建立学习者与教师之间的沟通渠道，以便学习者在学习过程中获得及时的支持和解答。

五、数字化教材建设的社会影响质量评价指标

对衡量数字化教育资源在教育和社会领域的作用至关重要。这些指标旨在评估数字化教材对社会、教育改革和终身学习的积极影响，并反映用户对教材的满意度和评价。

第一，用户满意度与口碑。用户满意度与口碑是数字化教材社会影响质量的重要评价指标之一。用户满意度衡量学习者、教师和其他相关方对教材的整体体验和效果的评价。高水平的用户满意度通常表明数字化教材在内容质量、教学应用和技术表现方面达到了预期标准。口碑是用户对数字化教材的口头或书面评价，通常通过社交媒体、在线论坛和教育社区等渠道传播。积极的口碑有助于提升数字化教材的社会影响力和声誉。此外，开发者应关注用户反馈，以了解教材的优缺点，并据此进行调整和改进。

第二，教材的社会认可度与影响力。教材的社会认可度与影响力是衡量数字化教材在教育和社会领域地位的重要指标。社会认可度反映了数字化教材在学术界、教育机构和社会公众中的声誉和评价。教材获得认可和支持，表明其在教育和社会发展中的积极贡献。此外，数字化教材的影响力体现在其在教育改革、教学方法创新以及教育公平等方面的作用。教材在这些领域取得的成就将进一步提升其社会影响力，并为教育领域的持续发展提供有力支持。

第三，教材在教育改革中的地位与作用。数字化教材在教育改革中的地位与作用是评价其社会影响质量的重要方面。数字化教材可以推动教育领域的创新和变革，如促进在线学习、混合式教学和个性化

学习等新型教学方式。此外，数字化教材在教育资源的共享和开放方面发挥着积极作用，推动了教育公平和可及性的提升。通过提供丰富、优质的数字化教材，高校可以更好地满足不同学习者的需求，并支持教育改革的目标。

第四，教材在促进终身学习方面的贡献。数字化教材在促进终身学习方面的贡献是其社会影响质量的重要评价指标。终身学习是现代社会发展的重要趋势，数字化教材为学习者提供了持续学习和提高技能的机会。通过数字化教材，学习者可以随时随地获取学习资源，开展自主学习和继续教育。这种灵活性和便利性将有助于培养终身学习的文化，提升社会整体的教育水平和竞争力。此外，数字化教材在促进不同年龄段、不同背景的学习者参与终身学习方面发挥着重要作用。通过提供多样化的学习资源和机会，数字化教材为实现全民教育和终身学习目标提供了有力支持。

第二节　教材数字化管理体系构建

一、高校内部教材结算管理改进与优化

高效、准时与灵活的高校内部教材结算体系对于一些高校提升内部教材结算的效率和可靠性起着关键作用。立足于新形势下一些高校内部教材结算管理现状与问题，具体以 D 高校为例，全面系统阐释高校应该如何制定明确的内部教材结算政策，如何精简教材结算管理流程，建立什么样的结算标准以及采纳什么样的技术手段来改进优化高校内部教材管理体系，以期完善教材管理的各项制度和工作方式，为

学校师生做好教学服务工作奠定基础。

　　高校内部教材结算管理是指高校在教材征订、发放和销售过程中对经济账务和结算的管理工作。许多研究关注的对象包括高校教材中心或教材发行中心，这些中心负责教材的征订、发放和销售，同时处理教材结算管理等相关工作。还有的研究一般探讨了不同的教材结算方式，如现金支付、预付款、代收代付等，并分析了各种方式的优缺点，寻求最适合高校的结算方式。也有研究还关注了结算管理的具体流程，包括征订审核、发票管理、账务核对等环节，旨在提高流程效率以及减少错误和漏洞。近年来，随着信息技术的发展，越来越多的研究开始关注教材结算管理的信息化建设，包括设计和实现结算管理的相关研究主要集中在结算方式、流程优化、价格管理以及信息化管理等方面。

　　加强高校内部教材结算管理是具有必要性和紧迫性的。首先它可以确保资金使用透明、防止腐败、优化资源利用、规范市场秩序以及提升服务质量，为高校的教材管理工作提供有效的支持和保障。高校内部教材结算管理的建立可以确保教材采购和销售的资金使用透明度。其次，通过规范教材结算程序和流程，防止个人或部门利用教材采购和销售环节进行非法牟利、收取回扣或其他不正当行为，提高资金管理的公正性和透明度。通过结算制度，可以明确教材供应商的服务标准和要求，评估其供货质量和效果，从而提高教材供应商的服务意识和责任感，为学生提供更好的教材服务。故此，下面从D高校内部教材结算管理现状与问题入手，构建面向新形势下的高校内部教材结算管理对策，以期使中国一些地方高校在开展学校内部教材结算管理改革方面有的放矢，并丰富传统高等教育教学体系内容，也为一些高校有效地进行教材结算、教学改革提供有益的参照。D高校内部教材结算管理优化的建议如下：

　　第一，明确责任权限和角色划分。建议明确教务处和财务处在教材结算管理中的职责和权限,并确保各部门之间的协调与合作。教务处应具备财务结算权限,可以直接处理教材费用的结算事宜,从而减少协调和沟通的工作量。

第二,简化结算流程。优化结算流程,简化环节,降低操作复杂度和时间成本。例如,可以探索实施全自动化的教材费用核对和记录系统,提高教材费用统计的准确性和效率,减少人工操作的时间和工作量。

第三,引入现代信息技术支持。利用现代信息技术,建立集中的教材结算信息平台,实现不同部门之间的实时信息共享和交流。这有助于提高信息传递的准确性和及时性,减少信息共享不畅的问题。

第四,加强部门间沟通与培训。加强各部门间的沟通与交流,建立定期会议或联络机制,解决沟通障碍和理解差异问题;提供相关培训和指导,帮助工作人员了解整个教材结算流程和各自责任的范围,提高工作效率和准确性。

第五,引入智能化辅助系统。考虑引入智能化辅助系统,如基于人工智能技术的教材管理系统。这种系统能够自动化处理教材的征订、采购、发放等流程,并与财务系统进行无缝集成,减少手工操作和人为错误,提高教材结算的准确性和效率。

第六,加强学生教育与管理。加强对学生的教育和管理,提升学生对教材费用的认知和理解;建立健全的学生信息管理系统,确保学生个人信息的安全性和准确性,减少填报缴费银行卡信息时可能出现的错误和纠纷。

经过对D高校内部教材结算管理的研究,可以得出以下主要结论:一是明确责任权限和角色划分是优化高校内部教材结算管理的关键。教务处和财务处应明确各自的职责和权限,并加强协调与合作,以减少沟通成本和提高工作效率。二是结算流程的简化是提高教材结算管理效率的重要措施。通过引入现代信息技术支持，建立集中的教材结算信息平台，可以简化操作流程、提高准确性和效率。三是引入智能化辅助系统可以进一步提升教材结算管理的水平。基于人工智能技术的教材管理系统可以自动化处理教材的各个环节，并减少人为错误，提高结算的准确性和效率。四是加强部门间的沟通与培训是优化教材结算管理的重要环节。定期的会议或联络机制可以解决沟通障碍，合理利用培训资源，提高员工对教材结算管理流程和政策的理解和运用能力。

二、基于 B/S 结构的高校教材管理系统

在高校教育中，教材作为重要的教学资源，其有效管理对于保证教学质量具有重大影响。随着高校教育管理的现代化发展，越来越多的高校转向科学、有效的数字化教材管理系统。这些系统包括单机版、B/S 方式、C/S 方式以及混合式等多种模式，其中以 B/S 方式的网络型教材管理系统尤为突出。相较于传统的单机版和 C/S 方式，B/S 方式能够更好地应对高校多用户环境下的系统维护问题，特别适用于大规模高等教育机构。

在教材管理任务越来越繁重的背景下，许多高校如我校，因为跨校区办学和学科专业种类的增加，传统的教育管理系统已经难以满足现代化管理的需求。因此，研究和应用高校教材数字化管理系统显得尤为迫切。这些系统的应用不仅能够优化教学管理环境，提升教师和学生的信息资源获取能力，还能全面提升教材管理的水平。

通过数字化管理系统，教师可以更方便地获取更新的教材信息和教学资源，从而更灵活地调整教学内容和方法。学生则能够通过系统获取到更为丰富和多样化的学习资源，有助于提高他们的学习效果和学术成就。而对于管理者而言，数字化系统则提供了更为精确和及时

的教材使用情况分析，帮助他们更好地制定和调整教材管理政策和计划。

高校教材数字化管理系统的研究与应用，不仅是推动高等教育现代化管理的必然选择，也是提升教学质量和管理效率的重要手段。随着教育信息化的深入推进，这些系统将在未来继续发挥重要作用，助力高校实现教学管理的科学化、精细化和智能化发展目标。

（一）系统介绍

B/S 模式也就是浏览器/服务器模式，是在客户端/服务器模式的基础上进行的拓展，由浏览器、Web 服务器和数据库服务器三个部分组成。在 B/S 模式下，浏览器直接面向用户，提供便捷的网页访问服务，满足用户对信息的获取需求。这种模式的核心在于将用户界面与后台处理系统分离，使得用户可以通过浏览器轻松访问并获取所需的信息。

Web 服务器在这一架构中扮演着关键角色，作为后台处理系统，它接收来自用户浏览器的指令并迅速作出响应。Web 服务器通常配置有大量的资源和强大的运算能力，这样一来，它可以有效减轻用户终端（即浏览器端）的硬件压力，同时更高效地利用现有的硬件和服务资源。

数据库作为一个独立的服务器，主要负责保障重要数据的稳定存储和安全性。它通过信息通路将存储在其中的数据响应给客户端，确保用户可以安全、稳定地访问所需的信息或服务。数据库的这种独立运行能力使得整个系统在面对大量用户请求时能够保持高效运行。

B/S 模式的工作原理可以通过图 6-1 详细展示。当用户需要数据库中的信息或服务时，首先通过 Web 服务器与数据库服务器建立联系和通信。用户通过浏览器向 Web 服务器发送请求，Web 服务器在接收到请求后将其转发至数据库服务器，数据库服务器进行处理后再通过

Web服务器将响应返回给用户。B/S模式通过浏览器直接面向用户提供网页访问，通过Web服务器处理用户指令并连接数据库服务器获取所需信息或服务。这种模式在现代Web应用开发中被广泛应用，因其能够有效分离前后端逻辑，提升系统的安全性、稳定性和可维护性，使得用户可以更方便、高效地获取他们需要的信息。

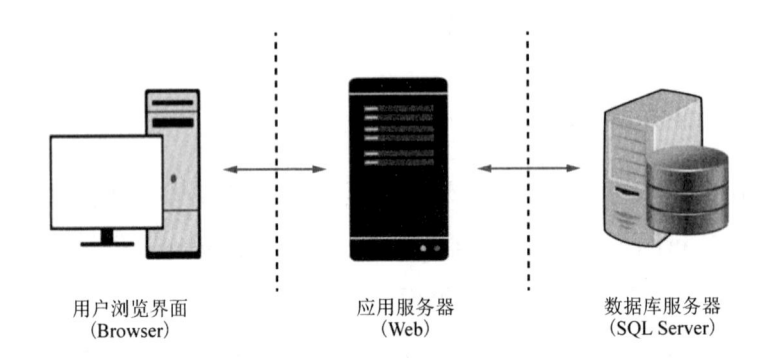

图6-1 B/S模式工作原理示意图

（二）系统总体设计

教材管理系统的用户分为管理员、教师、学生三个角色，管理员负责教师及学生账号的维护，以及教材的库存管理工作；教师负责对课程信息以及所使用教材的管理工作；学生对自己所加入的课程进行管理和领取相应课程的教材。高校教材管理系统功能结构如图6-2所示。

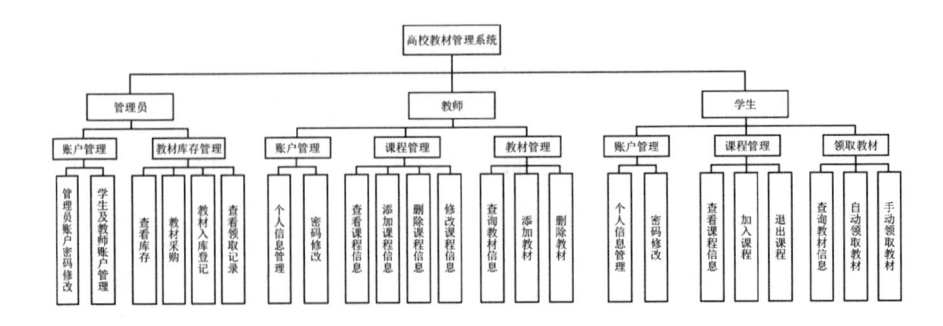

图6-2 高校教材管理系统功能结构图

（三）功能模块设计

第一，验证正确即进入相应用户界面，验证失败则提示用户重新输入用户名和密码。用户登录后可以进行相关管理和安全退出登录操作。用户登录流程如图6-3所示。

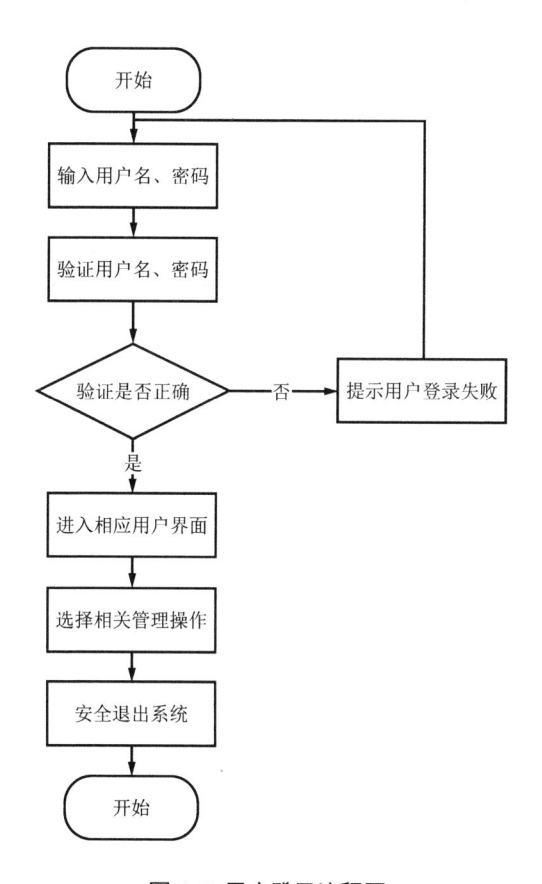

图6-3 用户登录流程图

第二，教材选购、领取模块设计。教师为课程选择相应的教材，经过学院审核后生成订单，从供应商处采购并发放到学生手中，根据课堂上教材的使用情况对教材信息进行反馈，再经学院审核判断教材是否符合要求，若不符合要求则教师重新选择教材。教材选购流程如图6-4所示。

◎高校教材数字化管理系统研究

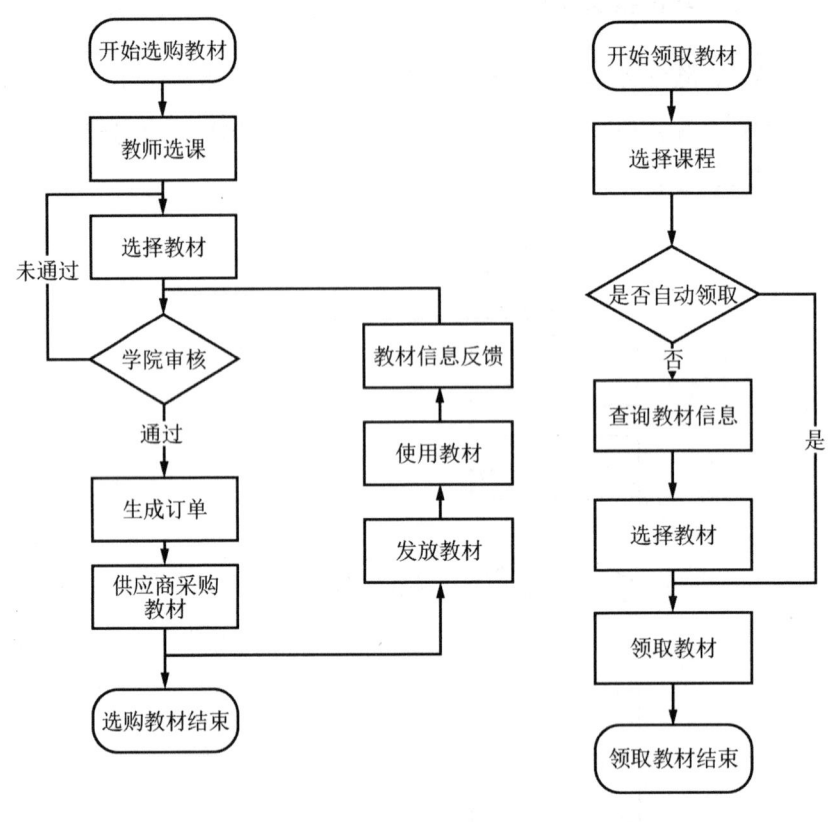

图 6-4 教材选购流程图　　图 6-5 学生领取教材流程图

学生领取教材时，首先选择相应的课程并选择是否自动领取，若选择自动领取则根据课程信息自动领取教材，若不选择自动领取则手动查询教材信息，选择需要领取的教材。学生领取教材流程如图 6-5 所示。

第三，教材采购、发放模块设计。采购教材时，首先根据教材选择情况制订采购计划生成教材采购单，经过确认后支付订单，商家发货后确认发货单，最终收货后确认收货。教材供应商收到采购请求后生成教材订单，然后接收付款，货款收齐后生成发货单并发货。教材采购流程与教材发货流程如图 6-6、图 6-7 所示。

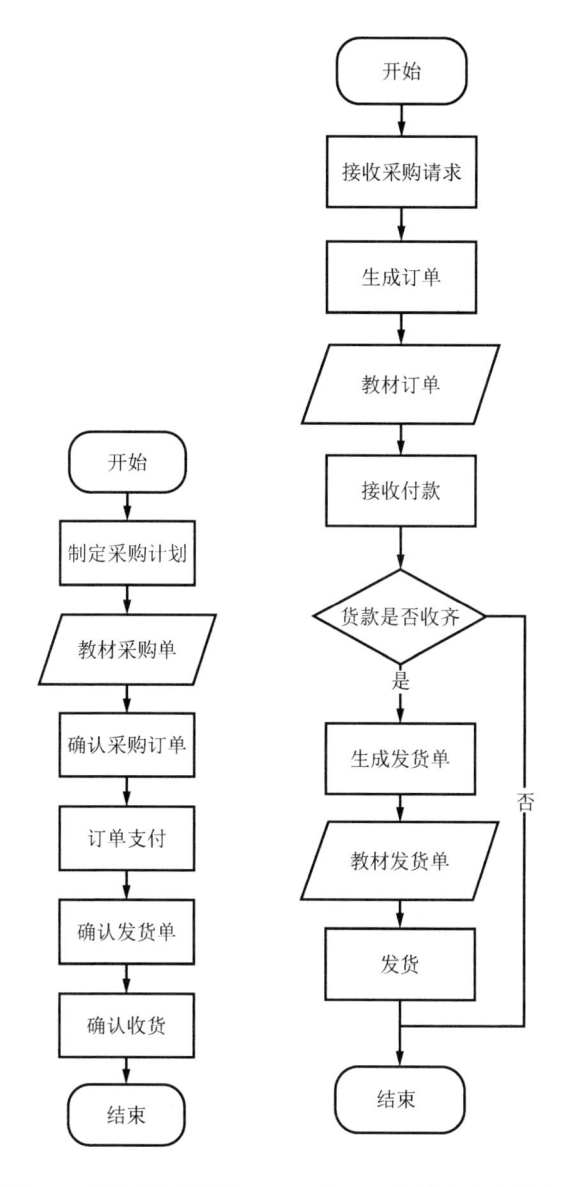

第六章 高校教材管理的数字化系统构建 ◎

图 6-6 教材采购流程图　　图 6-7 教材发货流程图

（四）数据库设计

SQL Server 是由 Microsoft 开发的关系数据库管理系统，最初是由 Microsoft、Sybase 和 Aston-Tate 共同开发的产物。它于 1995 年推出了第一个完全由 Microsoft 开发的版本，即 SQL Server 6.0。随着时间的推移和版本的不断更新，SQL Server 已经发展成为一个功能强大、广泛应用的数据库系统，适用于从小型部门网络到大型企业级环境的各种场景。

SQL Server 的体系结构主要由以下几个关键点组成：

第一，数据库引擎，也称为服务器，它是 SQL Server 的核心组件。数据库引擎负责处理用户提交的数据操作请求，并返回相应的结果。无论是执行查询、更新数据还是管理数据库对象，都是通过数据库引擎来实现的。

第二，SQL Server 支持多个数据库的创建和管理。不同操作系统上的应用程序可以访问和操作多个数据库，其中包括四个系统数据库（如 master、model、msdb 和 tempdb）和两个示例数据库（如 AdventureWorks 和 Northwind）。

第三，关键组成部分是数据对象。每个 SQL Server 数据库包含多种数据对象，这些对象包括视图、表、约束、索引、触发器、存储过程等。这些数据对象提供了结构化数据的存储和管理机制，用户通过这些对象进行数据操作和访问，而不是直接操作数据库文件。

数据库对象的使用使得用户可以方便地定义、管理和操作数据。视图提供了一个虚拟表的抽象，表用于存储实际数据记录，约束用于维护数据完整性，索引加快数据访问速度，触发器可以自动响应特定的数据变化，存储过程则是预定义的数据操作序列。

SQL Server 的架构和功能使得它成为企业数据管理的首选工具之一，无论是用于小型办公网络还是复杂的企业级应用环境，都能够提供高效、可靠的数据存储和管理解决方案。

第六章 高校教材管理的数字化系统构建 ◎

本系统采用 SQL Server 数据库开发工具，通过使用该数据库工具，实现各种数据的访问和处理需求。为了实现高校教材管理系统，本数据库共设 7 个表。表之间的对应关系如图 6-8 所示。

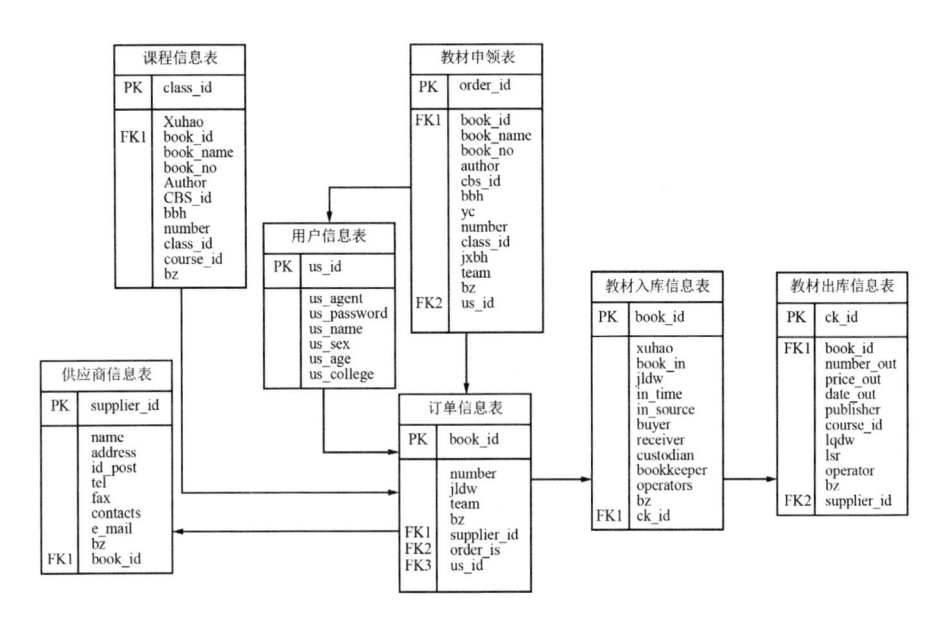

图 6-8 数据库表关系图

（五）系统界面设计

在前端界面的开发中，采用 JSP（Java Server Pages）动态网页编写技术实现。本系统以 SSH 整合框架进行编写，以 MVC 为基础，以反转 Java Web 应用程序为核心框架，实现 Web 应用的分层。Spring 利用 Java 的反射机制，实现系统各层的无缝连接，提高了系统的可维护性和可移植性。在表层页面技术当中，除 JSP 外还将应用到 JavaScript、JQuery 等技术。JQuery 技术能够使页面更美观，操作更具有人性化。

1. 登录模块

登录模块是系统的核心组成部分之一，负责验证用户身份并管理用户会话。用户通过输入用户名和密码进行登录,系统会访问数据库中的用户信息表,验证输入的用户名和密码是否匹配已注册用户的信息。如果验证成功,系统允许用户登录,并根据用户角色和权限配置展示相应的操作主界面,以便用户能够执行其权限范围内的操作。登录模块的页面设计如图 6-9 所示,用户界面直观友好,提供简单明了的登录交互。

图 6-9 用户登录界面

2. 系统信息维护

系统信息维护模块支持系统基本数据的管理,包括用户信息、角色权限等。具体功能如下:①用户信息管理,实现用户的录入、编辑和检索。根据不同的角色配置不同的功能和数据格式,确保数据的安全性和完整性。可以初始化用户表,用于添加和修改用户信息。管理员可以添加新用户,包括设置用户名、口令和角色权限,点击"添加"按钮完成用户添加。可以执行用户信息的删除和查询功能,确保用户管理的高效性。②密码修改功能支持用户密码的安全修改。当用户需要更改密码时，输入原密码和新密码，并点击"修改"按钮。系统会验证用户输入的旧密码是否正确，如果验证通过，将更新用户表中的密码信息，确保用户账户的安全性和可靠性。这些功能使得系统信息维护模块成为一个高效的管理工具，能够有效地管理和维护系统中的用户和其相关权限信息。

供货商管理模块用于管理系统中的供货商信息，具体包括以下功能：①供货商信息管理可以添加新的供货商信息，包括供货商的联系方式和具体信息。初始化供货商表，用于存储和管理所有供货商的信息。管理员可以输入供货商的详细信息，如公司名称、联系人、联系电话等，点击"添加"按钮完成供货商信息的添加。②供货商信息查询和修改支持根据不同条件对供货商信息进行检索和修改。管理员可以根据需要查询特定供货商的信息，并对其信息进行修改，以保证信息的及时性和准确性。供货商管理模块通过简化供货商信息管理流程，提高了系统用户处理供货商相关信息的效率和便捷性，确保系统能够及时、准确地管理和维护供货商信息。

这些模块的功能细节和操作步骤说明了系统的主要功能和流程，使得用户能够轻松地理解和使用系统的各项功能，提升了系统的整体可用性和管理效率。

3. 教材管理模块

教师可以对课程情况进行查看和修改，并且查看教材申请的审核情况。教师界面如图 6-10 所示。

◎高校教材数字化管理系统研究

图 6-10 教师界面

教师在申请填报新教材时，需要录入课程、专业及教材信息，确认无误后提交审核。教材填报界面如图 6-11 所示。

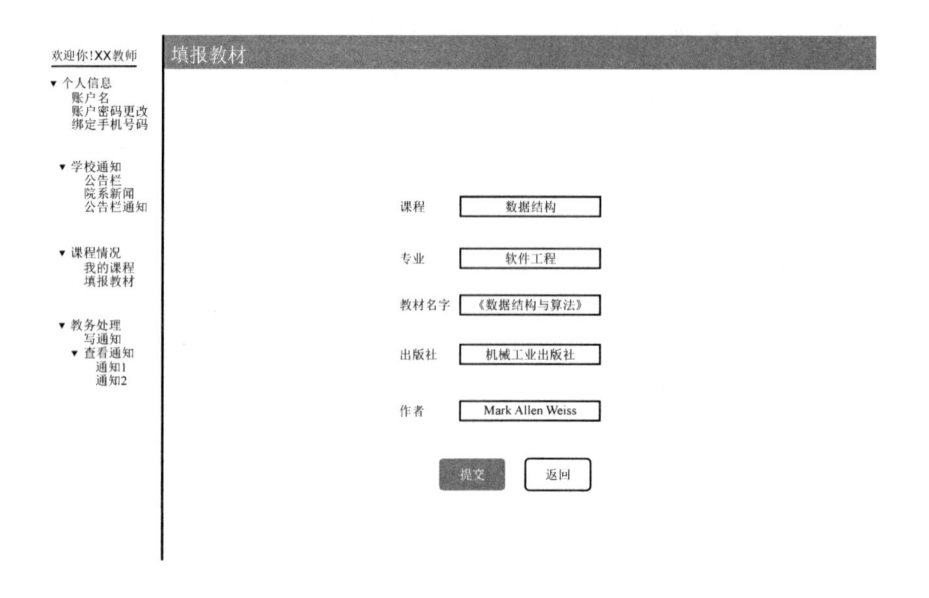

图 6-11 教材填报界面

4. 教材审核模块

教师向管理员提出教材申请后，管理员可以查看教师申请的教材，并对教材是否通过进行审核，并将审核结果返回给教师；若教材未通过审核则需要教师修改教材信息并重新提交审核。教材审核界面如图6-12所示。

图 6-12 教材审核界面

5. 教材订购模块

本模块实现添加、查询订单信息，主要包括教材信息、供货商、数量，模块的界面设计如图6-13所示。

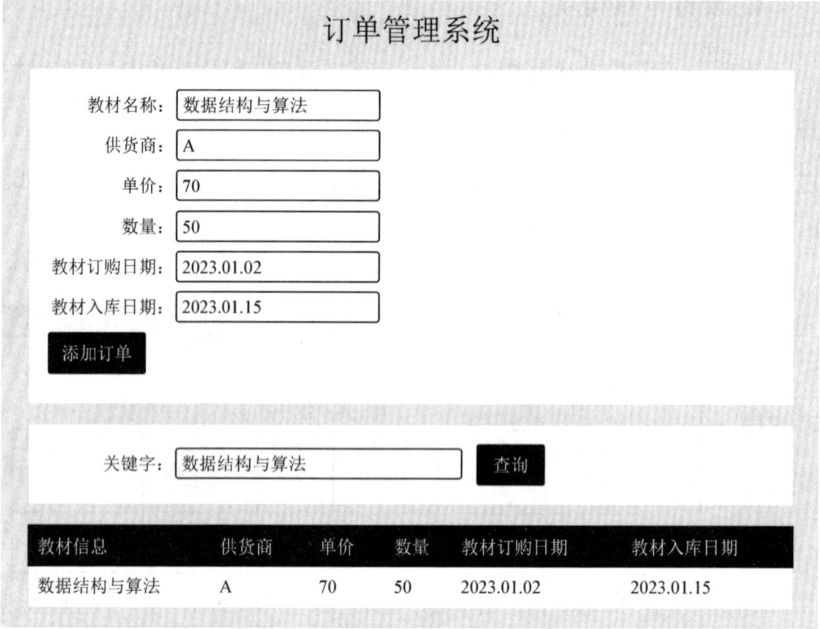

◎高校教材数字化管理系统研究

图 6-13 教材订购界面

系统应用模块的设计旨在提高订单管理的效率与准确性。当系统模块初始化时，系统会自动初始化订单表，这为后续的订单登记和查询提供了基础。管理员在输入订单信息后，只需点击"添加"按钮，即可将新的订单信息录入系统。对于订单查询，系统提供了灵活的查询功能，管理员可以根据输入的查询关键字，迅速定位并查看所需的订单信息。这一设计不仅简化了订单管理流程，也大大提升了工作效率。

6. 教材领取管理

教材领取管理模块专注于领书信息的管理，包括教材信息、领书人和领书数量等。当模块初始化时，系统会自动初始化领书登记表和库存信息表，确保领书和库存信息都能准确记录。管理员在输入领书信息后，点击"添加"按钮即可完成领书登记，同时系统会自动更新库存表。系统还提供查询用户功能,管理员可以方便地查询特定用户的领书信息。这一模块的设计使得领书管理变得更加高效、透明,并能实时掌握库存情况。

教材数字化管理系统是基于一种实用的管理理念,将教材的各个环节集成到一个系统中,以实现信息的科学规范使用。该系统的应用大幅提高了教材管理的效率,减少了不必要的人力资源消耗,克服了传统手工操作的诸多弊端。在数字化时代,教材管理系统不仅满足了现代化管理的需求,还推动了管理流程的系统化和标准化。选择、订购、存储、交付和开具账单等过程中的所有重要信息,都能及时上传至系统中进行备份,确保数据的安全和完整。

教材数字化管理系统通过现代化、系统化的手段,实现了高校教材管理水平的全面提升。系统可以在选择和订购教材时,快速上传相关信息,便于后续查询和管理。在存储和交付环节,系统同样能做到信息的实时更新,确保库存和领用情况一目了然。在开具账单时,系统能够自动生成并存储账单信息,方便后续的财务管理和审计。

第三节 教材管理数字化平台科学化

教材管理数字化既是高校深化教学改革的必然要求,也是管理机制的内在需求,高新技术的发展为教材管理数字化提供了技术支撑。教材管理数字化是高校教材管理改革的一项重要任务,也是新时期数字化校园建设不可或缺的组成部分。为了进一步提升高校的教材管理和服务水平,必须对传统的管理手段进行改革,积极推动教材管理的数字化建设。首先,教材管理数字化信息平台是实现这一目标的核心。

因此，构建一个功能完善、科学先进的教材信息管理平台显得尤为重要。这个平台需要具备高起点设计、操作简单、维护方便和安全可靠等特征。高起点设计意味着平台在规划和开发阶段要充分考虑到未来发展的需求，采用先进的技术和理念。其次，操作简单是平台被广泛接受和使用的关键，界面友好、使用便捷的系统能够大大提高用户的工作效率。再次，维护方便是保证平台长期稳定运行的基础，系统的维护应尽量简化，并提供便捷的技术支持。最后，安全可靠则是保护教材数据和用户信息的根本保障，必须采用严格的安全措施来防止数据泄露和系统攻击。只有当教材信息管理平台具备了这些特征，才能真正实现教材管理的数字化，进而提升高校教材管理的整体水平和服务质量。

一、教材管理数字化平台具备可操作性

教材管理数字化平台的可操作性是该系统成功实施和广泛应用的关键。一个高质量的数字化平台应该具备清晰的功能模块、直观的导航结构以及友好的用户界面。这些特性不仅能够提高系统的操作效率，还能减少用户在学习和适应平台过程中的时间和精力。

第一，平台设计应突出智能化和人性化。智能化意味着平台应能够自动化处理各种复杂的数据和流程，从而减轻管理人员的工作负担。例如，系统可以通过数据分析和机器学习技术，根据用户的历史行为和需求提供个性化的教材推荐。人性化则要求平台在设计上考虑到用户的实际需求和使用习惯。操作界面应简洁明了，易于用户理解和掌握。

第二，先进的软件设计思想是保障平台可操作性的重要因素。一个高效的数字化平台应采用模块化设计，将不同的功能分割成独立的模块。这不仅便于开发和维护，还能使平台更具灵活性和可扩展性。软件设计应注重稳定性和可靠性，确保平台在各种复杂场景下的稳定运行。

第三，功能模块的清晰划分是确保平台可操作性的关键之一。平台应根据实际需求划分不同的功能模块，如教材订购、库存管理、配送跟踪等。每个模块的功能应明确具体，使用户能够快速找到所需功能，提高工作效率。模块之间应保持一定的连贯性和一致性，确保用户在不同模块之间的切换流畅自然。

第四，导航结构的明了性也是平台可操作性的重要体现。平台的导航设计应尽量简化，确保用户能够迅速定位所需功能。一个良好的导航结构不仅可以提高用户体验，还能减少用户在寻找功能时的困扰和挫败感。导航设计还应具备一定的灵活性，允许用户根据自己的偏好自定义导航路径。

第五，人机界面的友好性在数字化平台中至关重要。友好的界面不仅能够提高用户的操作体验，还能减少用户在学习和适应平台过程中的困难。界面设计应注重直观性和易读性，使用适当的颜色、字体和图标来增强可读性和可识别性。界面设计还应注重响应式设计，确保平台在不同设备和屏幕尺寸上都能正常运行。

第六，维护和管理的易用性也是确保数字化平台长期稳定运行的重要因素。平台应具备完善的后台管理功能，允许管理员方便地进行用户管理、数据备份、系统更新等操作。平台还应提供详细的操作指南和技术支持，确保管理员能够快速解决问题，提高系统的可用性。

二、教材管理数字化平台具备可扩展性

教材管理数字化平台的可扩展性是其成功和长久发展的关键。一个高效的数字化平台不仅要满足当前的管理需求，还必须具备灵活性和适应性，为未来管理的改革和发展提供充分的余地。为此，平台设计和实施过程需要重点关注数据整合、接口开发、系统灵活性和未来扩展的可能性。

第一，平台应注重数据整合和兼容性。各种既往的教材管理数据需要被有效地整合进平台中，能避免数据冗余和重复劳动。数据整合过程中应注重数据质量，确保数据的准确性和一致性。

第二，开发相应的数据系统接口模块是确保平台可扩展性的关键措施之一。接口模块的设计应注重开放性和灵活性，以便将来能够方便地连接其他相关系统。例如，平台应提供标准的 API 接口，允许第三方应用或系统无缝集成。这将有助于扩大平台的应用范围，提高其对多样化业务场景的适应性。

第三，平台的设计还应注重系统的灵活性和可配置性。灵活的系统能够适应不断变化的业务需求和管理模式。例如，平台应支持用户自定义配置，包括界面布局、功能模块、工作流程等。这将使用户能够根据实际需求调整系统，确保平台的持续适用性。

第四，未来扩展的可能性是衡量平台可扩展性的重要指标之一。一个设计良好的数字化平台应为未来的管理改革和发展提供充分的余地。例如，平台应支持功能模块的动态加载和卸载，使系统能够根据需求的变化灵活调整。平台应具备良好的兼容性，能够与未来可能出现的新技术和标准相匹配。

第五，为了确保平台的长期可扩展性，平台的架构设计应采用现代化的技术和框架。例如，微服务架构可以提高系统的灵活性和可维护性，使平台能够方便地扩展和调整。分布式数据库和云计算技术也可以提高平台的可扩展性和稳定性，支持大规模数据处理和多用户并发操作。

第六，在实现可扩展性的过程中，安全性和隐私保护也是不可忽视的方面。平台应采用先进的加密技术和安全机制，确保数据的安全传输和存储。平台应遵循相关法规和标准，确保用户隐私得到充分保护。

三、教材管理数字化平台具备共享性

教材管理数字化平台的共享性是实现现代教育体系数字化转型的重要基础。一个完善的数字化平台应确保基础数据的齐全、完备、规范和通用,这种共享性使得数据和信息能够在不同系统之间流动,从而提高学校管理效率和数据利用率。

第一,教材管理数字化平台的基础数据应齐全且规范。平台应涵盖所有与教材管理相关的数据,如教材订购、库存、发放、使用等。这些数据不仅要全面而翔实,还应遵循统一的规范和标准,确保数据的准确性和一致性。数据规范化的另一个重要方面是数据格式和结构的统一,这样有助于数据在不同系统之间的共享和交换。

第二,平台应充分利用校园网络,将学校的各种数字化平台融为一体。通过构建一个统一的数据中心或数据库,学校各个系统的数据可以集中存储和管理。这不仅有助于数据的统一管理和维护,还能为数据的共享和利用提供便利。例如,数据中心可以汇集不同系统的数据,为学校管理者和教师提供全面的教学和管理信息。

第三,在实现数据共享的过程中,平台应注重系统性和统一性。系统性意味着平台应在设计时考虑到数据在不同模块和系统之间的流动。例如,教材管理数字化平台应与教务管理系统、学生管理系统和财务管理系统实现无缝对接。这种对接不仅可以提高数据的可用性,还能为学校管理者提供全面的教学和管理信息,提高决策的科学性和准确性。

第四,统一性是指数据在不同系统之间应保持一致和协调。例如,学生信息、课程信息和财务信息等数据应在各个系统之间保持同步和一致。这样,学校管理者和教师在使用不同系统时,能够获取到最新、准确的数据,提高工作效率。

第五，共享性的实现还需要确保数据的安全和隐私保护。平台应遵循相关法规和标准，确保用户隐私得到充分保护。对于不同系统之间的数据共享，应采用权限控制和访问控制机制，确保数据的合规使用。

第六，教材管理数字化平台作为数字化校园建设的重要组成部分，应注重与其他校园系统的协同发展。通过建立统一的数据接口和标准，平台能够方便地与其他系统集成，如教务、学生、财务等系统。这种协同发展有助于构建一个整体、高效、智能的数字化校园，提高学校管理的现代化水平。

四、教材管理数字化平台具备安全性

教材管理数字化平台的安全性是该系统正常运行和为广大师生提供可靠服务的关键。随着计算机网络技术的飞速发展，确保平台的安全性不仅是保障业务高效运行的前提，更是维护信息完整性和隐私的重要举措。教材管理数字化信息平台应采用成熟可靠的技术，以校园网为载体进行建设，确保数据传输、存储和处理过程的安全与稳定。

第一，教材管理数字化平台应使用现代化的加密技术来保护数据在传输和存储过程中的安全。通过使用安全套接字层或传输层安全协议，平台可以确保数据在网络传输过程中的保密性和完整性。这些加密技术可以有效防止数据在传输过程中遭受窃听或篡改。

第二，平台应采用强有力的身份验证和访问控制机制，确保只有授权用户才能访问敏感数据和功能。例如，平台可以采用多因素身份验证，要求用户在登录时提供多种身份验证信息（如密码、短信验证码等）。访问控制机制应根据用户角色和权限分配，确保用户只能访问与其职责相关的数据和功能。

第三，数据安全是平台安全性的重要组成部分。平台应确保数据在存储过程中的完整性和保密性。例如，通过数据加密、数据备份和容灾恢复等措施，平台可以确保数据在遭受攻击或系统故障时的安全。此外，平台还应建立完善的数据审计和监控机制，及时发现并应对潜在的安全威胁。

第四，平台的安全性还包括对用户隐私的保护。平台应遵循相关法律法规和行业标准，确保用户隐私得到充分尊重和保护。例如，平台应采取措施确保用户数据的匿名化和去标识化，减少个人信息在系统中的暴露。平台应向用户明确其数据的收集、使用和存储方式，并获得用户的同意。

第五，为了确保平台的持续安全，平台应定期进行安全审查和风险评估。通过定期检查系统的漏洞和风险点，平台可以及时采取措施进行修复和防范。平台应建立应急响应计划，确保在发生安全事件时能够迅速采取行动，减少损失和影响。

第六，高校在使用教材管理数字化平台时，应注重对员工和学生的安全教育和培训。通过提高用户的安全意识和技能，学校可以有效减少人为错误导致的安全风险。例如，学校可以定期举办安全培训和演练，帮助用户了解如何识别和防范网络攻击。

第四节　教材管理数字化的成本控制

成本控制在任何领域中都是至关重要的，在教材管理数字化中尤为关键。教材管理数字化的目的是提高教材的获取、分配和维护的效率，同时降低与这些活动相关的成本。

成本控制的目标包括：①减少不必要的支出：通过优化教材的采购、维护和分配流程，可以避免不必要的开支。例如，选择可靠且经济实惠的供应商可以降低采购成本。②提高效率：通过数字化管理教材，可以简化相关流程，提高工作效率。这可以节省时间和人力资源，从而间接降低成本。③合理分配资源：确保资源的合理分配和利用，有助于避免资源浪费。通过监控库存和需求，可以更准确地调整采购和分配计划。④改进数据分析：利用数字化工具对教材使用和需求进行分析，可以更准确地预测未来的需求，从而优化采购计划，降低库存成本。

成本控制的原则包括：①透明度：确保所有与成本相关的数据和流程都是透明的，这有助于及时发现和纠正问题，防止成本过高。②持续改进：不断评估和改进成本控制策略，以适应不断变化的市场和需求。③精益管理：运用精益管理原则，通过消除浪费、优化流程和提高效率来降低成本。④合作与沟通：与供应商、员工和其他利益相关者保持良好的合作和沟通，以确保成本控制目标的一致性和有效性。

一、教材管理数字化的成本控制作用

第一，降低整体运营成本。在高校通常面临有限预算的情况下，降低整体运营成本显得尤为重要。教材管理数字化能够通过简化采购流程，提高教材的获取效率。例如，通过在线订购和供应商自动化管理系统，机构可以与供应商保持更紧密的联系，从而确保最优质且最具成本效益的采购选择。数字化库存管理能够确保库存水平的最优配置，避免过度库存或缺货情况，这些都直接减少了运营成本。在教材的维护和更新方面，数字化管理也有助于降低成本。例如，教材电子化和在线访问可以减少物理教材的磨损和损耗，从而延长其使用寿命。教师和学生可以通过数字化方式实时获取最新的教材内容，减少了印刷和配送的时间和成本。

第二，提高服务质量。通过有效的成本控制，高校能够确保资金被合理分配，从而提高服务质量。这包括提供更高质量的教材、更快速地分配速度以及更好的学生体验。通过精准的数据分析，机构可以了解哪些教材最受欢迎或最有效，从而更好地满足学生和教师的需求。提高服务质量还意味着优化学生和教师对教材的获取方式。例如，数字化管理使学生和教师能够通过在线平台快速找到和下载所需的教材，从而节省了寻找和购买的时间。这种便捷性直接提升了学生和教师的满意度，并促进了教学质量的提升。

第三，增强竞争力。在教育市场竞争日益激烈的环境下，高校需要通过成本控制来保持竞争力。这可以通过降低学费和其他费用来实现，从而吸引更多的学生选择该机构。成本控制不仅能降低运营成本，还能使机构有更多的资金用于提升教育质量和教学设施，从而在市场中脱颖而出。

第四，支持创新和发展。成本控制所带来的节省不仅有助于维持机构的财务稳定，还为创新和发展提供了更多的资金支持。高校可以将节省下来的资金用于改进教学方法、开发新教材、引进新技术等，从而提高教学质量和学生的学习体验。例如，高校可以投资于虚拟现实和人工智能等前沿技术，为学生提供更具沉浸感和互动性的学习体验。数字化管理还可以支持教育研究，为教师和学生提供更多的学术资源和工具，促进知识的传播和创新。

二、教材管理数字化的成本构成分析

在当今信息技术迅速发展的时代，教育领域不断向数字化迈进，教材管理数字化作为教育创新的一部分，已成为高校教育改革的重要战略。高校教材管理数字化的成本构成包括以下方面：

第一，硬件与基础设施成本。硬件和基础设施是数字化教材管理系统的物质基础。这些成本包括购置和维护服务器、存储设备、网络设备以及其他与数字化教材管理系统相关的硬件设施。由于教材的数字化需要大量数据存储和高速传输，因此对硬件性能和容量的要求较高，这可能导致较高的初始投资。随着高校规模的扩大和学生数量的增加，硬件设施的扩展需求也会不断增长。这意味着机构需要定期评估和升级其硬件和基础设施，以保持系统的高效运行。这些持续性的投资会在一定程度上增加整体成本，但对于确保教材管理数字化的稳定性和可靠性至关重要。

第二，软件与平台成本。软件与平台成本包括教材管理数字化所需的软件许可、开发、定制和升级费用。高校通常需要购买或订阅教材管理软件，以满足教学和管理的需求。这些软件可能包括学习管理系统、内容管理系统和数据分析工具等。在软件的定制和开发过程中，高校可能需要根据自身的需求和特定要求进行调整。这可能涉及额外的开发费用和与第三方供应商的合作。随着教学方式和技术的不断变化，软件的更新和升级也是必要的，这进一步增加了软件与平台的成本。

第三，运营与维护成本。运营与维护成本涵盖数字化教材管理系统日常运行和维护所需的费用。这些成本包括网络连接、服务器维护、数据备份和安全防护等。这些持续性的运营和维护工作确保了系统的稳定性和安全性，避免了数据丢失和系统故障。高校还需要支付与服务供应商的合作费用，如技术支持、维修和升级服务等。这些费用是保持数字化系统正常运行的重要部分，但也可能对机构的整体成本产生较大影响。

第四，人员培训与人力资源成本。人员培训与人力资源成本是数字化教材管理系统成功实施的重要组成部分。高校需要对教师、管理员和学生进行培训，以确保他们能够充分利用数字化系统的功能，提高教学和管理的效率。这些培训费用包括聘请专业培训师、制作培训材料以及提供在线培训课程等。机构可能需要雇佣或培训技术人员来管理和维护数字化系统。这些专业人员负责系统的日常运行、维护和技术支持，确保系统的稳定性和效率。这些人力资源成本可能较高，但对于成功实施数字化教材管理系统至关重要。

三、教材管理数字化的成本控制策略

教材管理数字化的成本控制策略对于高校来说至关重要，通过制定科学合理的成本控制措施，高校可以在保障教学质量和提升学生体验的同时，提高整体效益。

第一，采购与配置优化。合理选择硬件设备与软件平台是数字化教材管理成本控制的基础。高校应在采购前进行充分的市场调研，选择性能稳定、质量可靠且价格合理的硬件设备和软件平台。在此过程中，应根据自身需求制订采购计划，避免过度配置或浪费资源。此外，采用性价比高的解决方案是控制成本的关键。高校可以通过与多个供应商进行谈判，争取最优惠的价格和服务；考虑选择开放源代码或免费软件，以降低软件许可和维护费用。

第二，运营效率提升。优化管理流程与工作流程是提高数字化教材管理系统使用效率的关键。高校可以通过重新设计流程，消除冗余环节，提高工作效率。例如，利用自动化技术简化数据输入和处理过程，减少人工操作，提高数据准确性和工作效率。同时，提高数字化教材管理系统的使用效率也有助于降低成本。通过培训教师和学生，提高他们对数字化系统的熟练度，减少使用过程中的问题和错误，从而减少维护和技术支持成本。

第三，资源共享与协作。资源共享与协作是教材管理数字化中降低成本的重要策略。高校可以通过校内资源共享，降低重复投入。例如，共享实验室、图书馆等资源，减少购置新设备和设施的需求。同时，机构可以通过共享数字化教材和教学资源，降低重复制作教材的成本。加强与其他高校或机构的合作与交流也是一种有效的成本控制策略。通过建立联盟或合作伙伴关系，高校可以共享资源、知识和经验，提高整体效率。例如，共同开发和使用数字化教材平台，共享技术支持和维护成本。

第四，人员培训与成本控制意识。提高管理人员的数字化技能是成功实施成本控制策略的重要前提。高校应提供系统的培训，提高管理人员对数字化系统的理解和操作能力，从而更好地制定和执行成本控制措施。培养成本控制意识也是降低不必要支出的关键。高校可以通过教育和培训，增强教职员工成本控制意识。例如，通过定期审查和反馈，提高教职员工对资源利用和成本支出的敏感度，从而减少浪费。

四、教材管理数字化的成本监控与评估策略

教材管理数字化的成本监控与评估是确保高校实现成本有效管理和资源合理配置的重要手段。通过建立完善的成本监控体系和有效的绩效评估与反馈机制，高校可以及时识别和纠正成本超支和资源浪费的情况，优化运营策略，提高整体效率。下面从建立成本监控体系以及绩效评估与反馈两个方面，探讨教材管理数字化中的成本监控与评估策略。

第一，建立成本监控体系。建立完善的成本监控体系是实现有效成本管理的基础。高校应定期收集与分析成本数据，包括硬件、软件、人员、维护、运营等各个方面的成本信息。通过数据的收集与分析，机构能够全面了解数字化教材管理的成本构成，及时发现潜在问题，并采取相应措施。设立成本预警机制也是成本监控体系中的重要一环。高校可以根据历史数据和预测模型，设定成本上限或临界值。当实际成本接近或超过预设阈值时，预警机制可以及时通知相关人员采取纠

正措施。这有助于在成本问题扩大之前进行干预,避免资源浪费和成本失控。

第二,绩效评估与反馈。设定明确的成本控制目标是进行绩效评估的前提。高校应根据自身的实际情况和战略目标,制定可量化、可衡量的成本控制目标。例如,制定年度预算和月度成本计划,明确各部门和项目的成本目标。绩效评估通过对比实际成本和目标成本,评估数字化教材管理中的成本控制效果。这种评估可以采用多种方法,如成本—收益分析、效率分析等。通过评估,机构可以了解成本控制策略的成效,识别出值得表扬或改进的领域。根据评估结果进行反馈与调整是确保成本控制策略持续有效的关键步骤。高校应将评估结果及时反馈给相关部门和人员,以便进行调整和改进。例如,如果某个部门的成本超支,可以通过调整采购计划或优化流程来降低成本。如果某个项目成本控制表现突出,可以给予表彰和奖励,激励其他部门学习借鉴。

参考文献

[1] 卞东旺.高校电教教材建设研究[J].魅力中国，2009（9）：123.

[2] 陈山漫，李强.高校数字教材建设难题破解与立体化开发[J].中国出版，2019（5）：31-35.

[3] 陈书洋，秦炜炜.新时代高校精品教材建设现状及培育路径研究[J].出版科学，2023，31（5）：41-50.

[4] 崔钟锐.互联网背景下高校教材管理系统的设计与实现[D].郑州：郑州大学，2020：13-28.

[5] 丁勇.提高高校教材管理效率的策略[J].教育教学论坛，2012（12）：124.

[6] 封韵.高校教材管理刍议[J].贵州师范学院学报，2016，32（2）：80.

[7] 郭声健，聂文婧.高校美育教材建设：政策导向、现实诉求与创新思路[J].湖南师范大学教育科学学报，2023，22（3）：18-26.

[8] 雷小青，覃圣云.高校教材数字化转型过程中的辩证思考[J].社会科学家，2021（11）：146-150.

[9] 李海涛.高校学生自主选购教材方式存在问题与建议[J].出版广角，2021（17）：64-66.

[10] 李彤.高校教材招标采购评标项目的分解与计算[J].湖南师范大学教育科学学报，2010，9（3）：99-101.

[11] 李叶峰.高校教材治理的价值诉求、现实困境与实践对策[J].黑龙江高教研究,2020,38(8):6-10.

[12] 李勇.浅析信息化背景下高校数字化教材建设质量评价指标体系的构建[J].高教学刊,2018(16):44.

[13] 李长真,秦昌婉.融合出版视角下高校教材出版的创新发展[J].出版广角,2019(22):41-43.

[14] 刘静.教育高质量发展背景下高校教材建设的五个维度[J].出版广角,2023(13):63-66.

[15] 吕林海.高校教材管理之我见[J].边疆经济与文化,2013(2):70-71.

[16] 孟宪云,余致晓.新时代高校教材评价体系建构的时代意蕴与逻辑进路[J].黑龙江高教研究,2020,38(8):17-20.

[17] 史传燕.基于高校教材和科研文献的原创试题命制[J].中学生物教学,2023(4):68-70.

[18] 仕帅.新时代融媒体新业态高校教材建设刍议[J].中国出版,2022(7):42-45.

[19] 孙雪亮.高校教材管理实务[M].上海:复旦大学出版社,2010.

[20] 谭祎哲.基于VR/AR的高校英语教材数字化建设探索[J].出版广角,2021(16):83-85.

[21] 汪建华.新时代我国高校教材建设的原则与路径[J].黑龙江高教研究,2020,38(8):21-25.

[22] 王博.高校教材管理工作存在问题及对策[J].河南农业,2023(33):4-5.

[23] 王海峰,陈浩.民办高校教材管理数字化思考[J].牡丹江教育学院学报,2012(6):103.

[24] 王建虹.高校数字化教材开发策略研究[J].教育教学论坛,

2023（2）：22.

[25] 韦铀.高校数字教育生态构建下的数字教材建设[J].出版广角，2019（12）：33-36.

[26] 杨柳，罗生全.高校教材建设治理现代化的逻辑理路与发展路向[J].教育科学，2023，39（1）：21.

[27] 杨琼丽，宁国安.推进高校教材管理改革与制度建设的思考[J].现代职业教育，2018（26）：226.

[28] 张晋.新时代高校教材建设的发展历程与时代要求[J].黑龙江高教研究，2020，38（8）：11-16.

[29] 赵春明.高校教材建设与管理[M].北京：中国计量出版社，2000.

[30] 朱文辉，许佳美.指向高质量的高校教材建设论析[J].教育科学，2023，39（3）：44-50.